JN074959
アリエナイ理科式
ARIENAI Scientific Method
世界征服マニュアル
改訂版
郎◎著

[アリエナイ理科式]
ARIENAI Scientific Method
Cosmocracy Manual
世界征服マニュアル
改訂版

【はじめに】世界征服の定義

「世界征服」といえば、悪の秘密結社が掲げる目標の定番。というか、人類史上、誰も成し遂げたことのない偉業です。

一時期、ナチスが本気で取り組んだりしていましたが、結局は無理だったのはご存じの通り。また、第二次大戦終結で出されたポツダム宣言では「日本が世界征服を行っていた」と明言しており、戦後に公職追放された人たちは世界征服を企んでいたことにされています。最近ではＩＳが本気で取り組みを始めて世界的な広がりを見せていますが、達成が難しそうなのは言うまでもありませんね。

そもそもの話として、何を成し遂げたら世界征服と言えるのでしょうか？　それは「世界をユートピアにすること」です。では、ユートピアとはなんでしょう。

イギリスの思想家トマス・モアがその著書で提唱した「ユートピア（理想郷）」とは、

「唯一の思想、唯一の価値観、唯一の基準によりすべての知識と財産が共有され、一般市民の下に奴隷がいて困難で危険な仕事をさせ、社会のあらゆるところに監視の目

がいきわたり、犯罪の起こる余地がない、反対するものが一切存在しない、平和で理想的な人間性や自由が完全に抹殺された社会」

とされています。

それはユートピアの反対語である「ディストピア」と呼ぶんじゃないかと言われそうですが、『ユートピア』の原文は本当にこんな感じ。これを本気で実現しようとしたのがソビエトで、世界中を共産主義一色に染め上げようとしました。が、やっぱり完全に挫折しています。

つまり、世界征服とは「全人類共通の思想、価値観、基準を作り上げ、唯一のものにすること」だと言えます。そういう意味では、人類の３分の１くらいを征服してるんじゃないかっていうラノベがすでに存在します。２４７９の言語に翻訳され、推定出版部数は３８８０億部を誇り、日本語版だけでも３億４千万部を超えているアレです。あえて明言しませんが、ホテルに行くとなぜか引き出しに入ってるアレです。

なのでいつか誰かが、全人類共通の思想、価値観になるような本を書いたなら、世界征服できるんじゃないでしょうか？　本書が６千億部ぐらい売れたら、私が世界征服できるので、皆様ぜひご協力ください。

冗談はさておき、現実問題として、全人類を共通の思想で洗脳するのは無理があります。なので、1割くらいを洗脳し、彼らに残りの9割を支配させるほうが実現性は高いでしょう。具体的には、その1割の人間で国家の暴力装置を独占するのです。

ちょうど、一部の白人が多数の植民地人を支配している構図と同じです。多くの独裁者は、軍隊を支配するという形で暴力装置を独占して、国家を征服してきました。

世界征服に必要なもの。それは端的に言って、暴力装置の独占です。1割の人間で国家を征服したら、組織、金、科学力を駆使して残りの9割を共通の思想で洗脳する。これこそ、アリエナイ世界征服です。

本書は、この組織、金、科学力をベースに世界征服を目指して悪の秘密結社を作ろうとしている、意欲にあふれ（過ぎ）た人に向けて情報をまとめたガイダンスとなっております。また、そうした世界観の作品を書いて（描いて）みたいという人にもオススメ。「世界のしくみ」を理解して養分にすれば、作品に深みが増すこと請け合いです。

亜留間次郎
薬理凶室

悪の組織の章

CHAPTER I

I－1

悪の組織を作ろう

いきなり前提を覆しますが、「悪の組織」というものは実在しません。世界大戦を起こしたナチスだろうが、テロを軸とした破壊活動をするＩＳだろうが、すべての組織は「自分たちは善で正義だ」と自称しているからです。

つまり「悪の組織」は一種のファンタジーであり、『仮面ライダー』のショッカーでさえ悪の組織と自称しているかどうかは怪しいもの。もしかしたら人類の歴史上、悪の組織を自称したのは我々「薬理凶室」だけかもしれません（笑）。

なので「悪の美学」というものも、フィクションの世界にしかないんですね。中二病をこじらせた子供以外、だれも悪人になどなりたくないのです。皆が正義のために戦って、「勝った方が正義」で「負けた方が悪」というレッテルが後から決まる。これが歴史の定めたルールです。

とはいえ、そんな重箱の隅をつついてもはじまらないので、対外的に見て「悪の組織」とされるものを満たす条件を挙げていきましょう。悪の組織に必要なのは、次の５つの項目です。

悪の組織運営に必要なもの

1. イデオロギー

宗教でも政治でもオカルトでもなんでもいいので、何かの思想、軸、肝となる部分です。悪く言ってしまえば集団幻想ですね。基本的に多神教は外敵像を描きにくいので不向き。一神教なら唯一神に逆らうものはすべて「敵」と見なすことができるので最適です。

思想といっても、宗教である必要はありません。ヒットラー総統でも、同志スターリンでも、我らが毛沢東でも、個人崇拝をきわめて神格化すれば同じようなものです。

憲法学者の小室直樹いわく、私たちのいる国「日本」の前身である「大日本帝国」は天皇を崇める一神教で、教育勅語が聖典の国家でした。だから、大日本帝国を滅亡させたのは、戦後にできた憲法ではなく、天皇が自分は人間だと宣言した時点なんだそうです。ソビエトが崩壊した原因は、1956年に第一書記のニキータ・フルシチョフがスターリンへの個人崇拝を批判したのが始まりなので、あながち外れとも言えないでしょう。

個人崇拝と神格化は絶対に外せないポイントです。これが崩れたら、悪の組織は終わりだと言っても過言ではありません。ラスボスありきの悪の帝国なのです。

2. 人材

世界征服といえば、怪人や戦闘員によって武力で支配するようなイメージがあります。その武力を得るためには、怪人や戦闘員になってくれたり組織に資金を出してくれる人材、マンパワーが大量に必要です。

とにかく最初は雑魚でもいいので、人数が多いことは最大の力となります。一般人でも1万人くらい集まれば、10人ぐらいは天才が混ざっているもの。オウム真理教のようにエリートの医師や弁護士も確保できてしまいます。

数の暴力といえば、人数が多い方が勝つという基本原理を数式化した「ランチェスターの法則」というものがあります。大雑把に要約してしまえば、

「戦闘力＝武器性能×人数の2乗」

となり、雑魚でも人数が多いほど戦闘力が高くなるというもの。

武器性能の差は、人数の差に比べて小さな影響しかありません。ここでいう武器性能とは、兵器の性能だけじゃなく、個人の体力や練度、超能力なども含めた意味となります。

ですが、極端な武器性能比がある場合は数の暴力が成立しません。たとえば、「千人の熟練の竹やり使い」バーサス「爆撃機B-29」を想定してみましょう。つまり、日本軍の武器性能ゼロ対アメリカ軍の武器性能１００みたいな状態です。武器性能が

ランチェスターの第１法則

$$A_0 - A_t = E(B_0 - B_t)$$

ランチェスターの第２法則

$$A_0^2 - A_t^2 = E(B_0^2 - B_t^2)$$

A0：A軍の初期の兵員数
B0：B軍の初期の兵員数
At：時間ｔにおけるA軍の残存する兵員数
Bt：時間ｔにおけるB軍の残存する兵員数
E：武器性能比＝B軍の武器性能÷A軍の武器性能
（理論上はほぼ互角と見て、1に近い数字になる）

ゼロなら、千人いようが「ゼロ×千の2乗＝ゼロ」なので、敵に対してまったくダメージを与えられず、一方的にやられてしまいます。

かつて、銃を持った欧州人が数で勝るアフリカ人を相手に植民地支配を行えたのも、極端な武器性能の差による勝利です。しかし、科学が発達した現代社会では、そこまで極端な武器性能比になることは稀。けっきょく原住民が皆して銃を持つようになって、植民地を支配できなくなったのはご存じの通り。

「銃は自由と平和と平等をもたらし、民主主義を実現させるもの」という全米ライフル協会の主張は、皮肉にもまさに真理というわけです。

3. 資金

人材が豊富なら、資金は簡単に集まります。とにかく組織の規模が大きくなれば、構成員の中に大富豪の1人や2人いるでしょう。1人千円でも、1億人から集めれば1000億円です。

ただ、構成員からあんまり搾り取ると、経済的に疲弊してしまい、逆に集まりが悪くなってしまいます。収入の10％程度を上限にすると長期的な組織運営が可能となるでしょう。

そして重要なのが、帳簿をきちんと付けて、給料をきちんと支払うこと。意外かもしれませんが、当たり前の話です。

たとえば、アメリカのギャングを代表する有名人であるアル・カポネ。彼がそれまでのマフィアと一線を画して組織を強大化できた秘訣は、帳簿と給料をきちんとしたからです。アル・カポネは、マフィアになる前は帳簿の仕事をしており、誰よりもその重要性を理解していました。マフィアを題材とする作品に帳簿と資金を管理する金庫番が登場するのは、彼の功績なのです。

では、昔はどうしていたのかというと、「お小遣い制」でした。なので、構成員の金銭感覚はずさんそのもの。小遣いが足りなくなると簡単に犯罪行為に走るし、組織の金も自分の小遣いも区別なく使い込むしで、組織運営に支障をきたしていました。

現代では、麻薬組織だって構成員にきちんと給料を支払って、子供たちを学校に通わせて教育しています。そのため、麻薬王と呼ばれる人間の多くが、支配地域の地元住民からは尊敬されていたりします。

どんな巨額の資金でも、集めただけではダメ。きちんと管理運営されて、はじめて有効活用できます。大金があるからって、無駄遣いは絶対にダメなのです。

4. 暴力装置

なんだかただの企業論みたいになってきたので、悪の組織らしい話に戻しましょう。悪の組織といえば、怪人や戦闘員が暴力をふるうのが定番。実は、この暴力ほど科学的なものはありません。そもそも科学は、暴力を発揮する道具である「兵器」を開発するために発展してきました。

そして、「暴力」とは「暴走した力」ではありません。暴力は決して知性や理性と相反するものではなく、むしろ理論的に制御、統制された力であり、正しく使えば大きな利益を産み出します。軍隊、警察はもちろん、ヤクザやマフィアなどの暴力団が使う暴力は、厳しい法律や掟に従い、きわめて理性的に利益を追求した行為です。

実は、日本語の「暴力」という字面から間違っているのです。英語のバイオレンス(Violence)は、ラテン語の動詞で「力(Vio)で扱う」を意味するバイオレイト(violate)が元。現代の英語において、「バイオレイト(violate)」は「法律、戒律、規則などに違反する」を意味する単語です。

つまり、バイオレンスは「強要する力」が正しい意味で、「加害力」と呼ぶこともできます。「自分の利益になり、相手が嫌なことを力で強要する」というニュアンスであり、決して「暴走した力」などではありません。

また、暴力装置と言っても、銃火器や刃物を持つだけが悪の組織の暴力ではありません。理論武装という言葉があるように、思想的な武器を装備するのも重要です。票田や政党、圧力団体という組織も、立派な悪の組織の暴力装置です。

そして現実の悪の組織が持ちうる究極の武装が「権威」です。国家が持つ暴力を「権力」と呼びますが、強要することなく、他者に自発的に同意させ行動させる力は「権威」と呼ばれます。「権威」を辞書を引いてみるとこんな感じです。

・他者を自発的に同意・服従を促すような力。

・特定の分野において優れたものとして一般に信頼されていること。
・特定の分野で知識や技術が抜きんでていると一般に認められていること。

つまり、自分がなにかの権威になれば、権力という暴力を振るえなくても、大きな利益を得ることができます。しかも、自発的な同意・服従なので、相手がどんな不利益や損害を被っても「自己責任」の一言で済みます。暴力を使えば暴力で殴り返されますが、権威は殴り返されないので大変に便利です。

権威になるには、自分が専門家とか博士になるのが一番の正統派。ですが、誰でも学歴も肩書きもなしでできるのが、権威を借りてくることです。いわゆる「権威に訴える論証」で、「偉い人がよいものだと言ったからよいもの」「偉い人が正しいと言ったから正しい」という理屈。

たとえば「××大学教授推薦」「医学博士××教授が発明した×××」など、専門家の名前を持ち出す方式。または「芸能人の誰それが使っている」と人気にあやかったり、今だとインスタグラマーやユーチューバーといったトレンドの代名詞となる人の威を借るわけです。そのほかには「特許出願中」「特許取得」など、公的な認証を利用する方法があります。

その中でも、一番簡単で威力があるのが、権威のあるテキストの活用です。ここでいう権威のあるテキストとは、偉い人が書いた本や論文以外にも、聖書みたいな大勢力を誇る宗教の経典でもＯＫですし、自分で研究機関や怪しい団体を作って、自作自演するのもアリです。

ぶっちゃけ、言ってることが間違いでも、反対意見を言うヤツを抹殺できるなら、そいつが最高権威なのです。中世時代における天文学の最高権威はガリレオではなく、ガリレオを宗教裁判にかけた教会というわけ。世の中とは公平でもないし、正しいことが必ず評価されるわけではありません。

5. 承認

組織とは、構成員とその他の一般人から承認されて存在しています。そして、心理学や社会学でいう「承認欲求」とは、肯定的なものだけでなく、否定という形でも満たされます。つまり「外敵から敵視される」という形での承認です。

敵視承認を最も効率よく活用しているのが北朝鮮とＩＳです。北朝鮮はアメリカという敵の存在によって内側の結束を高め、ＩＳは欧米諸国を十字軍と呼んで、邪悪な敵との聖戦を謳っています。たぶん、悪の組織が世界征服に成功して外敵が消滅したら、確実に新たな敵を探しはじめ、その結果、身内で斬り合いの内ゲバが起きて分裂すると思います。正義の味方の存在なくして、悪の組織は存在できないのです。

以上が、悪の組織に必要な要素です。

基本的に、イデオロギーがうまくできていれば、「2. 人材」は自動的に集まり、人数がいれば「3．資金」も簡単に集まります。そして人材がいれば「4．暴力装置」も簡単にできます。組織が大きくなれば自然に敵も味方も集まり、承認欲求が満たされます。

そこまでできれば、悪の組織は完成です。たとえ正義の味方に滅ぼされたとしても、イデオロギーのデキがよければ、悪の組織は復活するでしょう。実際にナチスもオウムも、滅びているようで、あちこちの人の心の中に生きていたり、泡沫組織が残っていたりするじゃないですか。

数の暴力が成立しない『ワンピース』

軍人の階級は、部下の人数が多いほど高くなる。数の暴力が強いほど、階級が高いのが基本だ。しかし、『ワンピース』の世界では、個人の暴力が強くなりすぎてしまい、数の暴力が成立しなくなっている。大将クラスになると、一等兵が千人いても勝てる気がしない。ランチェスターの法則で言うところの「武器性能」の数値が、アリエナイほど大きくなっている状態だ。仮に一等兵千人に圧勝できる大将がいるとしよう。その場合、

「大将の戦闘力＝２０００００００道力×１人の二乗」対「兵の戦闘力＝10道力×１０００人の二乗」ぐらいの極端な差が必要だ。

つまり、『ワンピース』の世界では、大将ともなれば兵の百万倍強いということになる。その結果、軍隊の階級は指揮下の人数とは関係なくなり、個人の強さを表す「レベル」的な扱いになっている。そして、数の暴力こそが本質であるはずの海軍兵士たちは、単なる観客か応援団という状態だ。こんな体たらくでは、世界政府による治安維持ができていないのも当然と言えるだろう。

※道力…『ワンピース』の作中に一時期だけ登場した単位で、武器を持った衛兵1人の強さを10道力としていた。

I－2

あんまり秘密じゃない秘密結社

「秘密結社」といえば、陰謀論の定番ネタ。しかし実は、本当に一国の政治経済を左右するほどの力を持っている秘密結社は実在します。秘密結社という言葉自体、日本ではあまり認知がないためファンタジーになりがちですが、実際にどういったものなのか、ここで紹介しておきましょう。

5人の大統領を輩出した秘密結社

秘密結社で一番有名なのは、やはりフリーメーソンでしょうか。しかし、彼らは名前が大きいだけで、実際のところ組織としての権力は大したことありません。それよりも確実に権力を持つ秘密結社があります。

それが「スカル・アンド・ボーンズ」です。アメリカの政界に絶大な影響力を持っている秘密結社で、１８３２年ごろ、第31代アメリカ陸軍長官だったアルフォンソ・タフトが設立したと言われています。過去に5人の大統領を輩出している名門で、ブッシュ大統領親子もメンバーです。

本部はコネチカット州ニューヘイブン市のイェール大学内にあります。窓のないレ

スカル・アンド・ボーンズのマーク。

ンガ作りの建物で、覗かれたり忍び込まれたりしないようになっているのは、いかにも秘密結社っぽいですね。しかし、本部所在地から会員名簿、さらにはメンバーの集合写真まで公開されています。

メンバーになるための必須条件は、アメリカでも有数の難関大学であるイェール大学に入学すること。メンバーになると、会合に集まった全員の前で、恥ずかしい秘密を告白するというイニシエーション（通過儀礼）があります。全員から「それは本当に恥ずかしい」と認定されると、他のメンバーの恥ずかしい秘密を教えてもらえるそうです。このように恥ずかしい秘密を共有しあうことで秘密結社の一員になれるというシステムなんです。

組織の目的は「会員同士の相互扶助によって社会的成功を収める」というもので、定款にしっかりと書かれています。ちなみに、フリーメーソンも基本的な目的は同じです。

フリーメーソンが全世界規模の大組織であるのに対して、スカル・アンド・ボーンズはアメリカ限定のローカル組織。それだけに中身が濃くて、メンバーは行政府や大企業のエリートばっかりです。もしも、公共事業の受注で企業側の担当者が同じ秘密結社の構成員だったら、その会社に優先して仕事を回したりします。構成員が政治家として選挙に立候補すれば、秘密結社を挙げて応援します。なので、秘密結社が政治経済を操っているというのは、決して妄想ではありません。

イェール大学構内にあるスカル・アンド・ボーンズの建物。

もちろん、秘密結社の構成員には社会常識や大人としての分別があります。改造人間を作って破壊活動をするとか、宇宙人と結託して人類を支配するとか、邪神を復活させるとか、世界征服をするとか、特定の民族を滅亡させるとか、そんな中二病な野望をメインに活動して成功している組織はありません。残念ながら。

ちなみに、日本でこういうつながりを見たことや聞いたことがあるはずです。なんのことはない……「学閥」です。欧米においては、学閥コネクションは秘密結社として扱われるんですね。

セレブのための勝手口入学制度

アメリカにおいて最高学歴といえば、アイビー・リーグ。その中でもビッグスリーと呼ばれるハーバード・プリンストン・イエールの3校。また、女子の名門であるセブン・シスターズのことを指します。どの学校も、入学するためのハードルが大変に高い難関校です。

が、あのブッシュ・ジュニアでもイェール大学に入れるのはなぜかというと、アメリカには裏口入学ならぬ勝手口入学があるからです。イェール大学の最低合格ラインは、SAT（大学進学適性試験）で2400点中2100点以上。しかし、「肯定的措置（affirmative action）」という特例が用意されています。

たとえば、卒業生の子供および大学への献金者は、入試の点数が＋160点されま

アメリカの名門大学

▼アイビー・リーグ

ハーバード大学	コーネル大学
プリンストン大学	ダートマス大学
イェール大学	プリンストン大学
ブラウン大学	ペンシルベニア大学
コロンビア大学	

▼セブン・シスターズ

- バーナード大学
- ブリン・モア大学
- マウント・ホリヨーク大学
- ラドクリフ大学
- スミス大学
- ヴァッサー大学
- ウェルズリー大学

す。ブッシュ・ジュニアは「卒業生の子供」だし「高額献金者」なので、水増しの点数がもらえます。

さらに、有力者の推薦状があれば＋200点が加算されます。この2つの肯定的措置があれば、イェール大学の合格に必要なSATの点数は1740点まで下がります。SATの平均点は1500点と言われていますので、平均以上の学力は必要ですが、ある程度頑張れば入れるレベルといえるでしょう。

「親の学歴」と「金」と「コネ」があれば、難関大学も何とかなってしまうんです。決して裏口なんかではありません、ちゃんと公開されている入学方法です。

ホワイトハウス実習生になろう

クリントン大統領とモニカ・ルインスキーの不倫騒動で有名になった「ホワイトハウス実習生」なる言葉をご存じでしょうか。

それ以前にも、ルーズベルト大統領は毎年愛人を変えていたとか、ジョン・F・ケネディ大統領は実習生を愛人にしていた（41年後に発覚）とか、世間一般にはアメリカ大統領の公費愛人などと言われますが、実はこのホワイトハウス実習生も、選ばれし者のみが入れる秘密結社なのです。

その実態は意外と公表されていないようで、ググっても情報がほとんどありません。まずホワイトハウス実習生はどうすればなれるのでしょうか？　ホワイトハウスの公式HPを見ると、募集要項が載っています。

応募資格

- 年齢18歳以上
- 大学生または大学卒業者
- アメリカ国籍

必要な応募書類

- 300〜500単語の長さのエッセイ2通
- 1ページにまとめた履歴書
- 3通の推薦状

ぜんぜん誰でもなれそうですが、シレっと一番難しいのが「3通の推薦状」。これによって、セレブじゃない平民とか下等民をシャットアウトしています。

推薦人というのは議員とか政府高官のことで、自分の親や親戚でもOK。親が政府高官なら、親とその知り合いに書いてもらえば問題なく通るでしょう。正真正銘、縁故がものを言う世界です。

なお、推薦状には推薦人の連絡先が必須で、かならず推薦人本人に確認が行きます。推薦人が知らないと言ったら落とされるので、偽造したり、騙してサインだけもらった場合は不可です。

実習生になると、100日間ホワイトハウスに出入りして、いろいろな仕事をします。ただし、無報酬のボランティアです。ではそこで何をしているのかというと、ほとんど公表されておらず不明。公文書には「リーダーシップの育成」とか「行政府について学ぶ」とか漠然としたことしか書いてありません。

毎年300人からの実習生がいるのに、自分のブログとかSNSの日記に書いてる人は皆無。一応、機密保持の誓約をさせられ、ネット上に書くと追い出されるらしく、実習生になるとブログを閉鎖してしまう人も多いみたいです。ホワイトハウス実習生の集まりそのものが秘密結社なわけですから、秘密結社の内情をネットで晒したら追い出されるのは当然ですよね。とはいえ、大統領の執務室で机の下にもぐりこんで大統領の×××を××××とか、そんな秘密の仕事をしている人は、まあ100人中1人か2人でしょう。

ホワイトハウス実習生が配属されるのは、アイゼンハワー行政府ビルや財務省庁舎まで含むホワイトハウス全体です。推薦者のランクによって実習先が決まり、当然、偉い人の事務所に配属される人ほど出世が有利になります。たとえば、将来、社長とか重役になって公共事業を受注するときに、競合他社にも実習生経験者がいた場合、どうなるかというと……、アイゼンハワー行政府ビルにいたやつよりも、ホワイトハウス本体であるウエストウィングにいたやつが優先されます。

さらに細分化すると、補佐官のところよりも副大統領のところが上など、実習生時代の配属場所は、そのまんま秘密結社内の階級として一生ついてくるのです。

配属先の決定方法として、一番簡単なのが親の職場です。親が副大統領なら副大統領執務室に配属され、親が補佐官なら補佐官事務所となります。また、貴族の身分を持つ女性実習生なら、ファーストレディー執務室に配属されて大統領夫人の手伝いをします。当然、ファーストレディーのところには海外の王侯貴族が来ますから、お茶汲みだって高貴な女性がやらないとダメなのです。

大統領候補になれそうなぐらい偉い上院議員とか有力政治家に推薦されてくると、副大統領執務室や大統領補佐官事務所なんかに入れます。ヒラの上院議員とか下院議員の推薦だと、アイゼンハワー行政府ビルで補佐官の手伝いをします。推薦者がアイゼンハワー行政府ビルで働いている場合は、その秘書をすることも多いです。

また、実習生たちは、ホワイトハウスで開かれるパーティに参加できるという特権があります。下っ端の実習生が大統領に直接会えるのは、こういうパーティのときに限られてくるので、必死になって自分を売り込む者も。そのまま勢い余って大統領といけない関係になってしまい、着ていたドレスに大統領の精液がついてしまった実習生もいたりしました。

元特殊部隊隊員

グリーンベレーには、X-Raysと呼ばれる特殊チームがあります。「X-Raysはアメリカの政治経済を影から操る秘密結社のメンバーで構成されている」と言うと、なんかすごそうに聞こえますが、実態は情けない限り。実力もないのに特殊部隊に入りたいオボッチャマのために作られた特別枠なんです。

グリーンベレーには、人手不足を理由に一般人を街頭勧誘して隊員にするという信じられないようなシステムが実在します。というか実は、街頭勧誘というのは名目だけ。アメリカで「街頭」というのは、セレブな人しか入れない街の街頭だと思ってください。普通の人だと特殊部隊隊員になるための基本条件を満たすまでに軍歴が3年は必要なんですが、この特別枠で入った人たちは、軍隊経験ゼロでOK。

アメリカ軍で使用されているMilitary Occupational Specialtyという人事分類コードでは特殊部隊には18番台が振られるのですが、この枠は「18X」という特別なコードであることからX-Raysと呼ばれています。そして、分類「X」の連中はX-Raysプログラムという特別教育を受けます。

ゼロから始めて兵隊としての基礎教育を無理やり140日で終わらせると、空挺降下訓練を21日でなんとか終わらせて、最低限の基本資格を取ります。基本が終わると30日で特殊部隊に入れるだけの教育をねじこみます。わずか191日の訓練で一人前の軍人になったことにして、369日間の特殊部隊の訓練課程に放り込みます。合計で560日、ゼロから始めて約1年半で一人前の特殊部隊隊員のできあがりです。

グリーンベレー隊員は、普通は訓練終了後3年間は勤務しないとダメなのですが、

X-Raysは入隊時点で特殊部隊見習い資格が与えられており、訓練期間中も特殊部隊在籍期間にカウントされます。なので、軍隊に入って3年ちょっとで辞めても、特殊部隊在籍3年の証明書が発行されます。このため、大学生↓ホワイトハウス実習生↓グリーンベレーという経歴をたどると25~26歳ぐらいで〝セレブ四大肩書き〟※1を持ったエリートになることも可能です。

もちろん特殊部隊隊員といっても、特殊なのはコネだけで実戦で使えません。なので特殊部隊という名目の歩兵部隊に編入されます。そして当人たちが辞めたくなるまで、戦死とか事故死しないように大事に軍隊ごっこをさせます。

この制度、本物のグリーンベレーからは非難轟々なんですが、~~秘密結社の陰謀~~政治的な理由によって継続されています。

ついでに、このインチキグリーンベレーX-Raysを見分ける方法を紹介しておきましょう。本物の特殊部隊隊員は、入隊までに早くても3年、訓練に2年、部隊勤務3年なので最低でも8年以上は軍隊に居るはず。軍歴が8年以下の元特殊部隊なら、間違いなくX-Raysです。

また、X-Raysは医療衛生専門家課程や通信専門家課程を省略しているので、医療知識とかモールス信号とかの知識を問い詰めてみるとほとんど答えられません。そのわりに中二病患者が大好きな爆破実習とか爆薬密造実習なんかはしっかりやっているので、痛い話はいくらでもできる究極のミリオタになっています。

※1　アメリカにおける“セレブ四大肩書き”は次のとおり。「名門の生まれ」「一流大学卒」「ホワイトハウス実習生」「元特殊部隊」。

さらに余談。実は、筆者の息子もこれに入りました。息子が痛いミリオタになったら嫌なんで止めたかったのですが、お母さんが絶対に行かせると言って聞かないので、お父さんの意見は無視です。気になっていたのが、当時のグリーンベレーは同性愛者は入隊不可だったこと（２０１７年現在は同性愛者禁止の規則は撤廃されている）。ウチの息子は腐男子で、女の子と一緒になってＢＬを読んでいたんですが、これが入隊資格に引っかかるのかどうか。一応入れたので、腐男子のグリーンベレー隊員はアリみたいです。

すべては「家柄」「コネ」「学歴」

ここまでアメリカの秘密結社について見てきましたが、結局、必要になるのは「家柄」「コネ」「学歴」です。実力主義とか自由とか平等とか、そんな妄想上のものは役に立ちません。アメリカが自由競争社会だとか実力主義なんてのは嘘です。アメリカは日本以上の縁故社会なんです。

ちなみに、優先順位はそのまま１に家柄、２にコネ、３に学歴です。コネがあればなんとか学校には潜り込めます。家柄が良ければ、自然とコネもついてきます。家柄とコネを兼ね備えた人物を「名門の生まれ」というわけです。家柄だけあってコネがない、歴史上の偉人の子孫なんて人たちもいますが、彼らはただの庶民です[※2]。コネがあってはじめて「名門の生まれ」なのです。

※２　たとえばイギリス王位継承権３桁以上の人たち（王位継承者は2000人以上いるらしい）は、王家の家柄であっても、何のコネも持たない庶民が大半だ。

I-3

ウソのない幸せな世界を目指して

人間はみんな嘘つきです。それでも「誰一人信じない！」という態度をとっていては、この世の中を生きていくことはできません。形だけでも誰かを信用し、自分も他人から信用してもらえることが、人間社会においては重要になってきます。

とはいえ、他人が本当は何を考えているか、気になってしょうがないのは人間の性。「俺は嘘をついていないけど、あいつは嘘をついているに違いない！」……そんな疑心暗鬼が人類の歴史から消えることはありません。当然の成り行きとして、他人の頭の中を調べる技術が、大昔から研究されてきました。有名なものに、骨相学と筆跡学があります。

骨相学と筆跡学

まずは骨相学。文字の並びが中華っぽく感じますが、phrenologyという正真正銘の西洋科学です。フランツ・ガルというドイツ人が考案したもので、19世紀のヨーロッパで大流行しました。当時は、骨相学の鑑定所が乱立したとか。

曰く「脳は色、音、言語、名誉、友情、芸術、哲学、盗み、殺人、謙虚、高慢、社交などの27個の器官が集合した臓器である。各部位の発達のバランスが人格を形成しており、頭の形で人格を判断できる」とされています。頭を触って頭蓋骨の形をチェックし、盗みや殺人に該当する部分が大きい人は犯罪者予備軍ということに！　怖すぎる鑑定方法です（笑）。もちろん、現代ではオカルト扱いされています。

もうひとつ、筆跡学（graphologie）はどうでしょうか。フランスでは21世紀の現在も、筆跡診断士という国家資格が存在し、筆跡心理学という学問までであります。その内容は、書いた字を見て嘘つきっぽいとかバカっぽいとか判定するというもの（字の上手い下手は関係ないらしい）。

筆跡学では、質問の答えを文章として書かせ、それを鑑定することで嘘を発見できるとされています。が、裁判においては、証拠として認められない擬似科学扱いとなっています。

嘘発見器がバカ売れ

これら近代以前に生まれた嘘発見技術は、どれも決め手に欠けていました。しかし1921年、嘘発見器が登場します。ドラマや映画で、複数の波線を描くポリグラフ型の装置をよく見ますね。あれが何を測っているのかというと、呼吸、脈拍、血圧、皮膚の電気抵抗などです。ポリグラフ型の発明者であるレナード・キーラーは当時、嘘発見器によって犯罪者の75％から自白を引き出すことに成功したと自慢しています。

最初期の嘘発見器。後ろの男性がレナード・キーラー。

1924年、アメリカの大手百貨店マーシャル・フィールドでは、従業員による商品の窃盗で年間5万ドルの被害が出ていました。そこでレナード・キーラーは嘘発見器による検査を売り込みます。その結果、最初の検査で1000人のうち250人が窃盗を認めたのです！　以降の検査では、自白した従業員は3人にまで激減したものの、被害額が1万ドルを下まわるという成果を挙げました。ちなみに、レナード・キーラーは報酬として1万2千ドル（現代で換算すれば約14万1千ドル）をゲットしています。

やがて同様の検査は金融機関でも行われるようになり、着服が大量に発覚する事態に発展。ついにロイズ保険会社にて、損害保険の嘘発見器特約が登場します。これは、全従業員を嘘発見器で検査することを条件に、保険料が1割引になるというものでした。

そのほか、軍の研究機関などでのスパイ探しや、同性愛者を見つける装置としても使用され、第二次世界大戦から東西冷戦にかけて嘘発見技師の需要は激増。最盛期の1980年代には5000人以上にもなりました。2017年現在でも、2700人以上いるそうです。

ただ、嘘発見器は大きな成果を出したものの、機械に拘束されて尋問を受けた従業員の士気はダダ下がり。やがて人権侵害であるという訴訟も起きるまでになり、しだいに嘘発見器は使われなくなっていきました（現代では、そのかわりに監視装置を使って従業員の窃盗などを防いでいるわけですが）。

とはいえ、嘘発見器の需要がなくなったわけではありません。いまでは、〝嘘をついていないこと〟の証明書を求める人が殺到しているのです。

嘘でできた嘘発見器

売れてくると、類似品が出るのは当然の成り行き。というわけで精神科医のオーランド・スコットが開発したのが、頭に多数の電極がついた装置を被せて両腕に電極を繋ぎ、真実（True）、嘘（Lie）と書かれたメーターの針が動く仕組みの嘘発見器だ。脳波を読み取って嘘を100％判別できると宣伝されていたが、実は、頭の電極はただの飾りで、実際には皮膚の電気抵抗を測っているだけだった。ただ、スコット医師は機械の構造を公開せず、特許も取らなかったので、正体が発覚するまでに30年もかかった手のこんだオカルトとなった。

新商売・真実の証明書

1966年に、正直者の証明書を発行してくれる「アメリカポリグラフ協会」が登場。それ以降、社会における嘘発見器の役割が変わっていきました。嘘を発見するのではなく、本当のことを言っているかどうかを確認するための装置になったのです。なかでもすごいのが、精神病院のセクシャル外来での活用です。

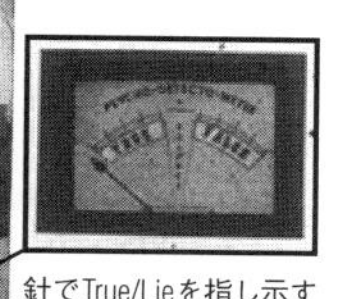

針でTrue/Lieを指し示す嘘発見器。大仰な装置はハッタリだった。

悪の組織の章

悪のお金の章

悪の科学力の章

たとえばペドフィリア。現代のアメリカでは、ペドだと指をさされたら、社会的に抹殺されてしまうこと必定。疑われただけでもアウトなので、対抗するには「ペドじゃない証拠」を見せる必要があります。そこで登場したのが、ペドフィリアかどうかを検査してくれる専門外来です。ペドフィリア専門の精神科医による「ペニル・プレチスモグラフィ検査」は、ペニスの血流を測定する装置を使い、被験者にさまざまなエロ画像を見せて興奮度を測るというもの。検査が無事に終われば、ペドフィリアではないという証明書をゲット！　これさえあれば、もし児童ポルノで逮捕されたとしても裁判で有利になるというわけです。

素朴な疑問として、この検査でペドだと判定されたら、外来からそのまま緊急入院になるのかな？　と思うかもしれません。ですが、多分それはないでしょう。ドナルド・トランプの健康診断みたいに、アメリカによくある、望む結果が出ることが前提の高額医療検査の一種と思われますので。

さらに、21世紀には「No LieMRI」という企業が登場しています。こちらが使用する嘘発見器は、「fMRI」という磁気で脳の活動を調べる装置。特定の部分が活発だと「本当」で、別の特定部分が活発だと「嘘」とのこと。この企業も、もちろん証明書を発行してくれます。ただ、いまのところ裁判での証拠能力は微妙だそうです。

とまあここまで嘘発見器について見てきましたが、結局のところ、怪しげな装置に

ペニル・プレチスモグラフィ検査のイメージ

人間を拘束して嘘はバレると信じ込ませて尋問する〝機械仕掛けの偽自白薬〟にすぎません。逆の使い道としても、高額な検査料と引き換えに自己正当化の証明書を発行してくれる道具でしかないわけです。

中世時代から現代まで変わることなく、人間相手の嘘発見商売は儲かるとも言えますね。というオチで終わってしまうのも何なので、ちょっと違ったアプローチで頭の中を検査する装置も紹介しておきましょう。

脳指紋検査

英語ではBrain fingerprintingと言いますが、この「脳指紋」はＰ３００という特殊な脳波のことを指します。これは過去に記憶したものを見たり聞いたりしたときだけ出ます。そのため、汗や脈拍によって測定するポリグラフ型の嘘発見器とは違い、決して誤魔化すことはできません。脳指紋測定器の発明者であるローレンス・ファーウエル博士は、その正確さは99％以上だと主張しています。

博士と、彼の設立した株式会社脳指紋研究所（Brain Fingerprinting Laboratories Inc.）は、１９７６年に４人の女性を殺害したシリアルキラー、ジェームス・Ｂ・グラインダーの量刑を決める裁判で、脳指紋検査が証拠として採用され、無期懲役が確定したことで有名になりました。

また、２０００年には殺人罪で23年間服役していたテリー・ハリントンを検査。犯

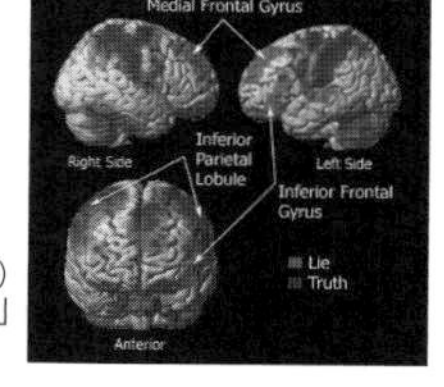

「No Lie MRI」のHP（http://www.noliemri.com/）より。「本当」な場合に活発な部分と、「嘘」のときに活発な部分があるらしい。

行に関係した写真などを見せてもP300波が検出されなかったことをきっかけに、逆に目撃者の証言の虚偽が証明されて無罪に。このように、脳指紋検査は裁判での証拠能力がかなり有望視されています。

特定の映像や音楽を過去に見たことがあるかどうかを検査できる……ということは、たとえば児童ポルノを見せてP300波が出た場合はクロという話になるわけです。児童ポルノ犯の摘発にも威力を発揮するというのですが、これがさらに進むと、将来は脳に記憶されている児童ポルノも単純所持扱いでOUTになったりするのでしょうか⁉

脳指紋検査によって、テリー・ハリントンの無罪が証明された。（『CBS 60 Minutes』より）

自白剤最新事情

嘘発見器はしょせん機械。では、真実を告白させる方法として、自白剤はどうなのだろうか。これまでは、自白剤は作れないというのが定説だった（※『アリエナイ理科ノ教科書ⅢC』の59ページ参照）。しかし21世紀になって、中国で有望な自白剤が登場している。そのしくみは、薬で鬱病状態にして秘密を喋らせるというものだ。薬の副作用が原因で鬱病になることを「薬剤惹起性鬱病」という。レセルピンと交感神経β受容体遮断薬の同時投与が効くらしく、普通に薬の添付文書では禁忌な組み合わせとされているのだが、真実のためなので気にしてはいけないのデス。

人間が苦痛に耐えて何かをやり遂げられるのは、脳の長期的な報酬系が働いてるからだ。金銭や国家への忠誠心といった長期的な利益があれば、尋問や拷問という短期的な苦痛に対して「これを耐え抜けばご褒美が得られる」と報酬系が活発化し、マゾ気質が発揮されて耐えることができる。しかし鬱になると、豆腐メンタルになったり、計画的な行動が取れなくなったりする。これは報酬系の機能低下が原因だと考えられているが、そうなると尋問や拷問に抵抗できなくなり、簡単に秘密を喋るようになってしまうのだ。遼寧省遼陽にある研究所での実験で、街頭勧誘してきた一般人に「秘密の答えを最後まで喋らなかったら10万元あげます。喋ったら何ももらえません。研究者はあらゆる手段で喋らせようとするので耐えてください」と説明して自白剤を投与した結果、60人中58人が喋ったそうだ。嘘発見器の自白率が75%程度だったのと比較すると、ものすごい効果と言えるだろう。

ちなみに、薬剤惹起性鬱病は投薬をやめて効果が切れると自然に治る。なので廃人になる心配もなく、大変に人権に優しい自白薬なのだ。たぶん。

I - 4

感情的支配と論理的支配

世界征服を成し遂げるためには、他人を支配しなければなりません。現代社会では法に基づく支配、つまり「論理的支配」が多くの人々に受け入れられています。ですが、それ以前の社会体制では、どうやって他人を支配し、秩序を保っていたのでしょうか？

それが「感情的支配」。人格的依存関係をもとにした支配です。

実は、感情的支配というものは現代日本でも存在しています。ホストが女を風俗に沈めて搾取する関係がまさにソレ。宗教団体が信仰心で信者を支配するのも同じです。中小ブラック企業は経営者に盲従させることで低賃金労働を可能にしています。

感想文提出を義務付けるワ〇ミは、感情的支配を行う典型的な企業です。事業や労働を無条件に賛美し、３６５日24時間働こうと本気で思い込み、労働問題の不満を感じなくなる……。人格的依存関係によって、そこまで従業員を支配することが可能になるのです。

絶対服従を実現する感情的支配

江戸時代の武士にとっては、「忠義」がそれです。

鎌倉時代ごろまでの封建社会のシステムは御恩（土地を与える）の見返りに奉公（戦力を提供する）でした。しかし、室町時代に公方号や屋形号などの称号を授ける制度が登場したり、戦国時代には織田信長が土地や経済力を伴わない報酬（茶器や免許、称号など）を導入するようになり、感情を満足させる報酬体系の比重が増大していきました。

戦がなくなった江戸時代になると、封建社会を維持するために、朱子学などを使って主君に対し忠義を尽くすことが武士の本分であるという感情的支配のシステムが完成。もはや何も貰っていなくても、主従になった瞬間から恩義が無限に発生するようになります。武士が世襲公務員化すると、生まれた瞬間から発生することに……。

江戸時代の下級武士は、最低限の生活すら維持できないほど少ない禄（報酬）でも、内職して自力で補ってまで主君に仕え続けていました。

なんか、現代でもアニメーターが親に食わせてもらって仕事を続けるみたいな構造と似ている気がしますが、感情的支配はこうした無理を可能にするのです。

だから感情的支配は、支配者側にとってコスパ最強です。君主が求めるのは、下の人間が無制限に服従すること。武家社会において忠義とは、経済的な報酬が足りていないことすら納得させ、いかなる抵抗も許さない絶対支配を前提としていました。
現代日本では「忠義」というものはなくなりましたが、かわりに「愛」「信仰心」「愛社精神」などで感情的支配を成立させているわけです。

西洋が感情的支配から脱却したわけ

「信仰心」は、かつて欧州で感情的支配を行うのに最も多用されてきた言葉です。しかし、日本における江戸時代のころ、西洋では中世から近世への移行により、人格的依存関係の抑制が行われるようになりました。というより、人格的依存関係からの脱却こそが中世の終わりだったのです。

大きな原因となったのが、ローマカトリック教会の贖宥状(しょくゆうじょう)の乱発です。言ってしまえば、信仰心に依存した無意味な物を売りつける商売で(現代でもヤバイ宗教の大半がやっていたりしますが)、真面目な神学者がドン引き。大きな反発が生まれ、ついには宗教改革へと至りました。これによりローマカトリック教会の権威が失墜し、欧州は精神的にも政治的にもバラバラになっていきます。

また、中世の封建制度に基づく感情的支配の象徴であった騎士が、金で雇われた傭兵に勝てないという現実を突きつけられ、騎士道は終焉を迎えました。

感情的支配の集団と論理的支配の集団が競争すると、前者は敗北してしまいます。

感情的支配を受けている者にとっては、感情を満たすことが報酬のすべてなので、感情的に受け入れられないことが絶対にできません。ゆえに合理的行動から遠ざかってしまいます。

価値観が異なる他の集団と仲良くすることが困難になります。価値観が異なる集団の技術や手法を受け入れることができなくなります。気に入らない相手が絶滅するまで戦いを止められないし、敵への報復を我慢することができません。自分たちが大損害を被り死ぬ状況でも突っ込んでいくので、自滅することも珍しくありません。負けを認めたら死んじゃう心の病気になるので、敵が増えるばかりで味方が減っていきます。

そんなわけで、感情的な行動を取る集団は、合理的な行動を取る集団に連戦連敗。単純にそれだけの理由で西洋から駆逐されていきました。

現代日本の感情的支配

日本において江戸時代に感情的支配が続いたのは、鎖国のおかげで外敵がいなかったからです。感情的支配は、身内だけで回っている集団にとってはコスパ最強。外敵に滅ぼされる心配がなければ、やめる理由はありません。

ホストは、女を風俗に沈めて搾取しています。しかし違法性がないので警察に逮捕されないし、刑務所に送られることもありません。

ブラック企業が社員を過労死するまで酷使しても、国から懲罰を受けないし、会社が倒産することもありません。

宗教団体が信者から搾取しても、税金は取られないし、解散させられることもありません。

本来なら、こうした存在に対する最強の外敵は国家であるべきなのですが、残念ながらまったく機能していないのが現状です……。

現代日本は、ブラック企業が蔓延した結果として、戦後数十年の間はコスパ最強で利益を上げました。昭和20年代に団塊の世代が生まれて急激に人口が増えたのは、社会のリソースをすべて投入していた戦争がなくなっただけではなく、戦争にすべてをつぎ込ませる感情的支配も消滅したからです。

決定打は、終戦直後の昭和21年（１９４６年）1月1日に発せられた天皇の人間宣言です。昭和天皇が「天皇＝現人神」は架空の観念だと認め、天皇の神性を否定することで、日本人は大日本帝国の感情的支配から解放されたわけです。

酷いことを言ってしまえば、警察に捕まって化粧も衣装もなくなったホストを見て、女が愛想を尽かして逃げていく……。そういうふうに、ＧＨＱが仕向けたのです。

憲法学者の小室直樹はこれこそ戦後日本が駄目になった致命傷だと言ったし、三島由紀夫も『英霊の聲』で天皇の人間宣言に憤り、呪詛する様を描いています。

天皇を神とする感情的支配を失った日本人は、そのリソースを経済活動に投入しました。「給料と終身雇用」という御恩のために身命を捧げる働き方は、感情的支配の世界観を引きずっています。出産や育児に投入されるべきリソースまですべて経済活動に投入したので、少子高齢化社会になりました。

感情的支配は本質的に人的資源を食い潰す焼畑農業なので、短期的には利益を得ることができても、長期的には滅亡に向かうことになります。自分の土地を焼き尽くしたら、他の土地に放火して焼畑農業を続け、緑地を砂漠に変えていくしかありません。ホストは女が稼げなくなったら捨てて新しい女を捜します。ブラック企業も労働者が駄目になったら新しい労働者を捕まえに行きます。「アウトソーシング」も、自社という領土を守るために他社から搾取していると言えます。本質的な仕組みは植民地からの搾取と何も変わっていません。

今の日本は、放火できる森がなくなった感情的支配の滅亡期に入っています。みなさん、早く論理的な行動に移りましょう。

ボアソナードVS鶴田皓

真面目な話、日本経済が復活するためには、感情的支配から論理的支配への移行が必要です。日本人は労働において、いまだに江戸時代の武士の感覚で働いています。

日本は、明治時代に刑法を作るときに感情的支配からの脱却を試みました。

明治3年（1870年）11月に頒布された新律綱領は実質的に江戸時代の法律でしたが、明治13年に近代的な刑法典になり、江戸時代から脱却しようとしていろいろなことが起きています。

明治9年、法制官僚の鶴田皓(つるたあきら)と、お抱え外国人の法学者ギュスターヴ・エミール・ボアソナードの間で議論がありました。ボアソナード先生は「日本近代法の父」と呼ばれた偉人。日本が欧米を手本に新しい法制度を作ろうとした明治の初めに、来日して法学を教えてくれたフランス人です。

明治3年の法律には「雇人盗家長財物律」(略して「雇人盗」)という刑法がありました。雇われている人が主人の物を盗んだ場合に、普通の窃盗罪よりも重い刑罰を科す刑法です。江戸時代からの伝統にならい、下の人間が上の人間の金品を盗んだら刑罰を重くするように法律が作られていたのです。

これでも当時としては論理的なぐらいで、江戸時代の法では、主君の金品を盗んだ家来は泥棒ではなく謀反人なので金額の多寡によらず死罪です。町人の場合は普通に窃盗罪で10両未満なら初犯は敲刑、2度目は入墨刑、3度目で死罪となります(10両以上なら初犯でも死刑)。

さて、雇われ人が雇い主の金品を盗んだら罪が重くなる根拠はなんでしょう? 法律を作るなら、普通の泥棒との違いを明確にしなければなりません。

当時の価値観で最もわかりやすい説明は「主人の恩顧に背く」という江戸時代の観念でした。面白いのは、逆に「雇人と家長の関係は親属に近いから窃盗より重くする理由がない」と言った人がいたことです。雇われている人を家族同然とみる優しい人

横領は謀反レベルの罪

江戸時代の横領罪は、基本的な考え方が窃盗ではなく主君への謀反なので、族殺刑に処せられることもあった。有名な野村増右衛門の事件では、当人の打ち首だけでなく幼児12名を含む33名の親族も死刑に。その感覚のまま明治初期の法律が作られたため、明治12年には会社の金を横領した者が「雇人盗」によって裁かれ初犯でも終身刑になって服役した実例があるなど、同時代の窃盗犯よりも厳罰が適用されていた。

も居たのですが、どちらにしても日本人はどこまでも感情的に罪の根拠を求めました。

そこでボアソナード先生は、フランス式に「背信」という概念を出しました。「恩顧に背く」は感情的な罪の根拠で、「背任」は理論的な罪の根拠です。恩顧という感情的支配ではなく主人との契約違反という論理的支配への移行を試みたのです。

「感情的支配からの脱却」とは、「感情的にダメだから禁止」「感情的に許せないから厳罰」という制度から抜け出すことです。

それでも、明治初期の時点で日本の法律家は感情的な部分で納得しませんでした。ボアソナード先生と鶴田皓のやりとりは、偉いフランスの先生が言うことだから仕方がないと、西洋の権威に負けて日本人が譲歩しました。

なくなった「雇人盗家長財物律」が現代日本でどうなっているのかというと、刑法第253条　業務上横領（背任行為の処罰）になっています。刑法第235条　窃盗（財産侵害の処罰）と同じ、10年以下の懲役です（ただし窃盗罪のほうは、軽微なものに対して「50万円以下の罰金」という罰金刑もある）。

「雇人盗」の問題は、窃盗罪から独立して横領罪が成立するという法学の問題でした。結局のところ、日本では感情が支配する法制度が抜け切らなかったのです。

現代において、世界的に死刑制度が廃止に向かったのは論理的支配の成果です。欧米諸国どころか後進国と呼ばれる国ですら死刑制度を廃止する中で、日本が廃止できないのは感情的な法制度だからなのかもしれません。

悪の組織が目指すべき支配構造

世界征服を目指す悪の組織は、どのような支配構造を目指せばよいのでしょうか？「悪の組織を作ろう」（8ページ）で触れたように、悪の組織はイデオロギー（集団幻想）によって全体をまとめる必要があります。多くの場合はボスに対する個人崇拝、つまり「感情的支配」が柱となるわけで、組織を盤石にするためには欠点をしっかりと認識しなくてはなりません。

そこでおすすめなのが、支配者層となる身内に対して「論理的支配」を行い、搾取される被支配者層に対して「感情的支配」を行うことです。こうすれば、感情的支配の欠点を解消可能。「合理的に行動する外敵に勝てない」という致命的な問題に対しても、支配者層が合理的に行動できればなんとか対処できます。

「感情的に受け入れられないことはできない」を回避するテクニックとしては、「理論的に矛盾しているけど感情的には納得できる詭弁」を用いて感情的支配を行いましょう。「嫌いな相手と仲間になれない」「嫌いな相手は皆殺しにしないと気が済まない」という問題に対して、歴史上何度も屁理屈がこねられてきました。

感情的支配で世界征服を試みたナチスは、ユダヤ人を絶滅させようしながら、お気に入りのユダヤ人に名誉アーリア人とか高貴なユダヤ人なんて肩書きを与えて上級国民にしていています。日本が同盟国になると、それまで支配すべき劣等人種と呼んでいた日本人に対して、「東方アーリア人」という後付け設定で劣等民族じゃないことにしました。

アフリカでアパルトヘイトを行っていた白人支配者層が、経済的に有用な仲間だった日本人を名誉白人と認定して白人扱いしたのもまったく同じです。

ソビエトにおける政治将校は、論理的支配と感情的支配の矛盾の辻褄あわせを現場で行う人間だと言えます。

感情的支配を受けている人間は、感情的に納得すれば論理的矛盾を気にしません。今まで悪魔と呼んでいた敵であっても、何かの儀式を行い、浄化され悪魔じゃなくなったことにして、感情的に受け入れさせればよいのです。

支配者層になる身内に対して「論理的支配」を行い、搾取される被支配者層に対して「感情的支配」を行う構造というものは、実はブラック企業でもホストクラブでも大差ありません。

ブラック企業は経営者層に対しては高給と契約に基づく「論理的支配」を行い、平社員に対しては「感情的支配」により安月給で過酷な労働をさせています。

ホストクラブだって、店のオーナーと有能なホストの関係は、経済的利益と店の看板を貸す契約による論理的支配です。そしてホストが客を感情的に支配して売上を立てるのです。

年季の入った宗教団体が中絶禁止や自殺禁止を教義に持つのは、被支配者層である信者が減らないようにするためです。感情的支配を続けると焼畑農業になって組織が弱体化する問題の対策として、論理的に行動できる支配者層は、被支配者層の維持と繁殖を感情的に推奨します。

どことは言いませんが、宗教指導者の勧める信者同士の結婚を強制している宗教団体は、つまりそういうことなのです。

感情的支配の限界を「ダンバー数問題」で考える

「ダンバー数」とはイギリスの人類学者ロビン・ダンバーが提唱した理論で、人間同士が安定的な円滑な関係を維持できる人数の上限のこと。大雑把に大中小に分けた分類法では500〜2500人、100〜200人、30〜50人の集団が限界だと言われている。

直接的な感情的支配が成立する上限は150人ぐらい（人間同士が強い関係を維持できる限度）で、それ以上の大規模化には困難を伴う。

部下に死ねと命令するほど強い支配を必要とする軍隊を例に取ると、一個中隊が150人程度なのはダンバー数問題による。古代から「100人隊長」なんて存在があるように、将校1人（中隊長）が兵隊を感情的支配できる上限数がそれぐらいなのだ。

このままだと軍隊の規模が150人で頭打ちになってしまうので、中隊長を30〜50人集めて将校団を作る。大隊長や連隊長を務める佐官クラスは兵隊を直接的に支配せず、中隊長たち（少尉～大尉ぐらい）を支配することで、兵隊を間接支配する構造になる。

もっと集団の規模が大きくなると、間接支配の間接支配になっていく。こうした間接支配は段数が増えると制御が困難になり、分裂や反乱のリスクも増える。

江戸幕府は、感情的支配を柱とするシステムで大名や旗本を従え、日本を統治していた。ただし、大名や旗本の下にいる武士たちは、幕府にとっては間接支配となる（幕府ではなく、大名に忠義を持っている）。

幕末になると外敵の脅威が高まり、幕府の対応に不満を持った薩摩や長州が維新を起こした。当然、藩士たちは大名の戦力となる。幕府は反乱を抑えることができず、ついに滅亡……。この流れは、感情的支配の限界を示すものと言えるかもしれない。

感情的支配では、集団の規模に上限ができてしまう。大きな国家の中央集権化には、兵隊に国家や社会に対して忠誠心を持たせるためにも、論理的支配が必須。現代の自衛隊や米軍で、将官が政府要人を殺して政権を正すと言い出しても、兵隊は従わないだろう。それこそが正しい論理的支配なのだ。

参考資料

『逐条 帝国憲法講義』著：清水澄（しみずとおる）
『痛快憲法学』著：小室直樹
『英霊の聲』著：三島由紀夫

I-5

組織のための精神医学

医学において「病気」とは、正常な状態である「健康」の対極に位置する概念です。肉体的な疾患だけではありません。精神が平均からかけ離れて、生存する上で不利な状態になることも病気と定義されます。

ただし、精神病患者が病人扱いされるようになったのは意外と最近のこと。昔は「とにかくキチガイは監禁しておけ」と、犯罪者扱いされていたのです。たとえば、日本では精神病者監護法という法律に基づいて「私宅監置」という名の座敷牢が存在していました。医者がやってくることは稀で、実質的には寿命がつきて死ぬまで監禁するという制度です。脱走すると警察が追いかけて連れ戻すので、扱いはほとんど犯罪者と変わりません。１９５０年に禁止されるまで行われていた、日本医学史の闇のひとつと言えます。

精神病先進国のイギリスでは、比較的古くから精神病患者を取り扱う法律がありました。が、まともになったのは１９８３年制定の精神保健法からだと言われています。月狂条例のころは酷いもので、満月の夜になると柱に縛り付けて鞭打ちしたり、頭に電極をつけて電気を流す電気痙攣療法を実施したりと、何かの拷問施設かと思うよう

イギリスにおける精神病関連法の歴史

1886年制定	白痴法（Idiot Act）
1890年制定	月狂条例（Lunacy Act）
1913年制定	精神欠陥法（Mental Defi ciency Act）
1983年制定	精神保健法（The Mental Health Act 1983）

なありさまでした。

とまあそんな時代を経て、精神病もマニュアルに沿って診察や治療が行われているのが現代となります。

精神病のマニュアル

医者の世界は、実はファストフードも真っ青のマニュアル社会。診療科や病気ごとに分厚いマニュアルが存在しており、盲腸の手術なら使う道具はコレで手順はこうというふうに、詳細に決められています。

精神医学界ももちろん同様。ここでの聖典は『精神疾患の診断・統計マニュアル』(最新バージョンはDSM-5-TR）です。『マンガでわかる心療内科』に登場するので、知っている人も多いことでしょう。というか医療マニュアルの中で一般人が聞いたことあるのはこれぐらいじゃないでしょうか？

現在、精神病の定義や分類は、世界共通ですべて『精神疾患の診断・統計マニュアル』を基準に判断され、治療もこの本に沿って行われます。その結果、精神科医に莫大な利益をもたらしました。というのも、マニュアルの通りに診断すると、誰でも精神病患者になってしまうからです。この本が使用されるようになってから、注意欠陥多動性障害の患者は3倍に増えました。落ち着きのない子供は、親のしつけが悪いんじゃなくて、可哀想な病気なんです、と責任逃れできるようになったわけです。薬の

『DSM-5-TR精神疾患の診断・統計マニュアル』

売り上げも3倍増です。

また、DSM-5以降はペドフィリア（ペドフィリック・ディスオーダー）の定義が拡大され、幼女と性行為をしている同人誌を書いたり、ロリコン本を集めているだけで病気と断定できます。いまやロリ系作家は、現実の幼女に近づかなくても精神病患者として収監できてしまうという、恐るべき状況になっているのです。

おもな精神病の例

さて、ここからはおもな精神病を紹介していきます。小説やマンガなどのフィクションでもよくネタにされていますが、間違った描写になっていることも少なくありません。正しい知識を身につけておきましょう。

◉統合失調症

精神病の代表格といえば「統合失調症」です。この名前になったのは２００２年からで、その前は「精神分裂病」、さらにその前は「早発性痴呆」と呼ばれていました。

ぶっちゃけ、この病気の原因はわかっていません。世界中に２１００万人もの患者がいて、研究費も人材も投入されているのに、まったく解明されていないのです。症状としては「幻覚や幻聴、なにかしらの妄想にとりつかれている病気」とされていますが、著名な統合失調症研究者が「なにが統合失調症なのかわからない」と認めているほど。ただ、原因はわからないものの、現代では薬物治療によってそこそこ抑えることができるようになってきました。

統合失調症の「妄想」とは、現実でないことを本気で現実だと思い込んでいる状態を指します。「被害妄想」や「誇大妄想」も、現実と妄想の区別がついていないなら精神病です。

15歳のAKBメンバーに結婚を申し込み、断られて裁判で争っている人がいますが、アイドルが自分を愛していると一方的に思い込む、典型的な「恋愛妄想」と言えます。プロダクション側は「精神保健及び精神障害者福祉に関する法律」を適用してこの男を措置入院させられないか、弁護士に相談してみるべきでしょう。入院してもすぐ出てくるんですが（笑）。

ちなみに、正常と妄想の中間の状態を「念慮」と言います。妄想は完璧に心の底から信じ込んでいますが、念慮は「もしかして違うんじゃないか」と疑問を持っている状態。一般的なアイドルオタクの恋愛感は、恋愛念慮に該当しそうです。

◉解離性障害

統合失調症と双璧をなす精神病が「解離性障害」です。「解離」とは、自分が自分であるという感覚が失われたり、記憶が飛んだり、現実感がな

「心神喪失」で無罪

犯罪を行っても、精神に異常があって責任能力がない場合、「心神喪失」で無罪になる。1982年２月に起きた日本航空350便墜落事故は、機長が統合失調症による妄想によって、羽田空港への着陸直前に逆噴射を行ったことが原因だった。この機長は逮捕されたものの、心神喪失を理由に不起訴処分になり、３年後には社会復帰して普通に会社勤めしていた。ちなみに、同じ精神病でも、パーソナリティ障害には責任能力があるとされる（池田小学校事件の犯人など）。また、精神病以外にも心神喪失はある。代表的なものが酒による酩酊や、麻薬による異常状態だ。

『犯罪白書』によると、心身喪失による無罪の判決は、刑事裁判50万回に１回の割合となっている（平均すると年２～３件というペース）。そもそも日本の刑事裁判は有罪率99.9％なので無罪判決は0.1％しかないのだが、そのうち2.5～2.6％を心神喪失が占めているというわけだ。

くなったりすることを言います。この解離自体は誰にでも普段から起きている現象ですが、日常生活に重大な支障が出るものを「解離性障害」として病気扱いしているのです。症状としては「離人症性障害」「解離性同一性障害」「解離性健忘」と、この3つに当てはまらない「その他」に分けられます。

●離人症性障害

「離人感」とは、「生きている実感がない」つまり自分が行方不明になっていて、何かあっても自分に起きていることだという気がしなくなる感覚です。無気力無責任人間になってしまうことも多いので、社会的にも困ってしまいます。また、自傷行為や自殺をする場合もありますが、本当に死にたいのではなく、行方不明になっている自分を取り戻すための防衛行動だと言われています。

離人感は、極度に疲労しているときなどにも出ますが、この場合は病気ではありません。DSM-5-TRにおける定義は、以下のとおりとなっています。

A. 自分の精神過程または身体から遊離して、あたかも自分が外部の傍観者であるかのように感じることが持続的または反復的である。
B. 離人体験の間も、現実検討能力は正常に保たれている。
C. それにより本人が著しい苦痛を感じ、または社会的・職業的な領域で支障をきたしている。
D. 薬物や前述の精神疾患その他の生理学的作用によるものではない。

●解離性同一性障害

通称「多重人格」。1人の人間の中に複数の人格がいる病気で、児童虐待などが原因だと言われています。マンガや小説でも取り上げられることが多いですが、実際の病気とかけ離れた描写になっていたり、精神分裂病と混同していたりする場合もあるようです。ちゃんとした知識を持っておきましょう。

多重人格が一般に認知されるようになったのは『私という他人ー多重人格の精神病理』という本が出版され、映画化（『イブの三つの顔』）して主演女優がアカデミー賞を取ってから。その後も『失われた私』『24人のビリー・ミリガン』など、多重人格を題材にした本が売れて、知名度の高い病気となって現在に至ります。

多重人格は非常に複雑な症状を持ち、精神病の中でももっとも重症なため、正しい説明をするには紙面が足りないので、興味を持った方は先に挙げた本を読んでみてください。本を読むのがめんどくさいという人は、映画もオススメです。

ちなみに、二重人格の代表とされる『ジキル博士とハイド氏』ですが、残念ながら解離性同一性障害には当てはまりません。自作の危険ドラッグをやって理性がふっとんでいるだけ、紳士が酔っ払って乱暴者になっただけなので、どっちかというと危険ドラッグ依存症というべき症状です。

「記憶喪失」として有名な「解離性健忘」については、拙著『アリエナイ医学事典改訂版』（172ページ）にて解説していますので、そちらをぜひご覧ください。

『精神疾患の診断・統計マニュアル』による診断の例

『精神疾患の診断・統計マニュアル』に基づいた診察を、ロリコンに悩む30歳会社員の患者を例に再現してみよう。精神病の診察は以下の４種類の問診が中心だ。

質問

Ｑ１．どのような症状が現れたか。
Ｑ２．症状はいつから始まったか。
Ｑ３．症状がどのように経過したか。
Ｑ４．社会・生活にどの程度の支障がみられるか。

それに対する解答がこちら。

解答

Ａ１．５歳ぐらいの女の子を見ると性的興奮が収まらない。
Ａ２．中学生ぐらいから。
Ａ３．幼女を見つめてはオナニーして我慢していた。
Ａ４．幼女に触りたい衝動が我慢できない。幼女に触ったら警察に逮捕された。

次に質問の答えを『精神疾患の診断・統計マニュアル』に照らし合わせてみる。

基準Ａ：少なくとも６カ月以上にわたり、思春期前（一般に13歳以下）の子供との

性的行為に関わる性衝動や強い性的興奮を引き起こす空想、または実際の行動が頻発している。
基準B：このような性的衝動に従って行動してしまっているか、あるいは、その性的な衝動や空想によって著しい苦痛や対人障害が引き起こされている。

基準A、Bを見事に満たしているので、『疾病及び関連保健問題の国際統計分類』第10版（ICD-10）第5章：精神と行動の障害の（F65.4）小児性愛（ペドフィリック・ディスオーダー）と診断できる。その場合の治療法は以下のとおり。

治療法

1．性的欲求を抑えるために抗男性ホルモン療法を行う。
2．治療施設に収監する。
3．険悪条件付け。

ペドフィリック・ディスオーダーという病気は根治不可能が定説なので、治療は大変に困難。日本では主に「険悪条件付け」で対応するしかないだろう。要するに「幼女に触ったら警察に捕まって酷いことになる、やったら罰せられる」という強迫観念を植え付けて行動を自制させるのだ。

I-6

天才の見つけ方／作り方

マンガでは、飛び級しまくって16歳ぐらいで大学院を卒業し、医師免許とか博士号を持っているような天才児が出てきます。これはフィクションならではの無茶設定というわけではありません。日本にいないだけで、欧米にはこういう人間が本当に実在しているのです。

その名は「ギフテッド」

英語では、彼らのことを〝神から特別な能力を贈られた（ギフトされた）人間〟という意味で「ギフテッド（Gifted）」と呼んでいます。これは筆者が適当に考えた設定とかではありませんよ？　医学的にも教育学的にも根拠のある専門用語であり、アメリカ合衆国教育省が公式用語として定義している真面目な言葉です。

一般には「1000人に1人の天才と言われるレベル」から上をギフテッドとしていますが、その中でも特に天才的な人間は「パーフェクトギフテッド」と呼ばれます。パーフェクトギフテッドは300万人に1人ぐらいしかいないと言われており、彼らを全米からかき集めたとしても1クラス分くらいの人数にしかならないでしょう。

16歳で医学部を卒業して医師免許を取ったとか（アメリカの医師免許は3段階の試験に合格する必要がある。試験は年2回受験できるので、医学部の学生であれば最短1年半で取得可能）、14歳で弁護士の試験に合格したとか、超人的な記録保持者だらけ。機械と生物、制御と通信を統一的に扱う「サイバネティックス」という科学の新分野を作ったノーバート・ウィーナーも、11歳で大学に入学、14歳で大学院に入学、18歳で博士になっています。

一方で、16歳でハーバード大学に入学して25歳でカリフォルニア大学の助教授になったけど、2年で辞めちゃって連続爆破殺人犯になってしまった「ユナボマー」ことセオドア・カジンスキーみたいなテロリストも。ギフテッドが（マンガとかでよくあるように）「俺様以外の人間はゴミだ」とか言い出さないよう、情操面の教育が非常に重要なのです。アメリカでは「ジェイコブ・K・ジャビッツ・ギフテッド・タレンテッド学生教育法」というギフテッドを保護するための特別な法律があり、彼らの教育に力を入れています。

まあ、実際にここまでギフテッドを特別扱いする国はアメリカだけなんですけどね。カナダを見てみると最年少博士は23歳なので、極端な飛び級はありません。アメリカがこれほど極端になったのは、東西冷戦時代に人工衛星の打ち上げ競争でソビエトに負けたからだとも言われています。「ソビエトに勝つために天才科学者が必要だ」ということで、天才集めを始めたわけです。

サイバネティックスの創始者ノーバート・ウィーナーもギフテッドだ(http://owpdb.mfo.de/detail?photo_id=4520より)。

とはいえ、「やたらめったら頭の良い子供だけを集めて特別クラスを編成し、エリートを養成する」という思想は古くから世界中にあったりします。中国では神童を宮廷に集めて特別教育を施していましたし、イスラム社会では神童だけを専門に買ってくる奴隷商人がいました。マムルークと呼ばれるこの奴隷たちは、幼いころから特別な教育を受け、成人すると平時には官僚や商人、戦時には軍人という役割を与えられました。この制度を熱心にやりすぎた結果、買ってきた奴隷たちが国を支配する「奴隷王朝」ができてしまったぐらいです。

日本のギフテッド教育

日本でも、戦前は飛び級を認めていました。通常ならば尋常小学校6年、旧制中学校5年、陸軍士官学校2年を経て、20歳前後で陸軍少尉になります。しかし、旧制中学校4年時に士官学校を受験して合格すると、1年早く入学できたのです。さらに戦争が始まり、昭和16年を過ぎると陸軍士官学校が戦時短縮で1年となったため、2歳早く任官する人が続出しました。

ちなみに、日本での飛び級最高記録は6年制の尋常小学校を5年修了、5年制の旧制中学校を4年で修了、陸軍士官学校に入って戦時短縮で1年で卒業した本間鉄心という人です。しかも早生まれだったので任官当時16歳と、他人よりも4歳も若くして陸軍少尉になってしまいました。なんとこの人、大日本帝国華族侯爵家で、親は財閥

「ギフテッド」とされる基準

1. 能力を発揮するのは学業に限らず多様な分野であること。（知性、独創性、芸術性、リーダーシップ、学業）
2. 他のグループとの比較に基づくこと。（通常の学級内、同じ年齢／経験／環境に育ったグループなど）
3. 能力を伸ばす支援が必要であることを示す将来性があること。

※知性が高いことを示す手段としてIQ（DIQ）が用いられるが、それ以外にも独創性、芸術性、リーダーシップといった能力で上位2％に入る者もギフテッドとされる（小学生なのに楽器演奏がプロレベル、チェスで大人と一緒に競って上位数％になるなど）。こうした芸術や競技分野でのギフテッドは、必ずしもIQが高いわけではない。

の総帥かつ貴族院議員、自宅の敷地は４ヘクタールもあったというマンガのような設定を持っています。ただし実子ではなく、侯爵が神童だと見込んで養子に貰って英才教育を施したというもの。つまりは日本でギフテッド教育を受けた事例のひとつといえるわけです。ま、この人は戦時中は本土から一歩も出なかったので、戦争ではまったく活躍してないんですけどね。戦後にＧＨＱで力を発揮したそうです。

というわけで、飛び級日本記録は3年と、アメリカに比べたら本当にショボイです。戦後は絶対に飛び級を認めない制度になったので、この記録が塗り替えられることは永久になさそうですね。ちなみに、日本でギフテッド教育を受けたといえる事例は、ほかにもＴＶドラマ『雲のじゅうたん』に登場した女性パイロットや、マンガ『国が燃える』の主人公を育てた富豪のモデルとなった人物たちが挙げられます。

〝ＩＱ〟の現実

天才児といえば、マンガには知能指数（ＩＱ）３００の天才とか、洒落で知能指数８９３とかが出てきます。確かにギフテッドの基準のひとつとしてＩＱが利用されてはいますが、前述の数字は、実はアリエません。そもそも知能指数検査は普通の人間同士を比較して知能の発達が遅れていないかどうかを検査するもの。極端な値を出す人間は上限値止まりになる仕組みです。

マンガなどで多用されているのは古い方式で、単純な計算式（下記の**1**）で求めて

知能指数の計算式

1 知能指数＝知能年齢÷生活年齢×100

2 偏差知能指数＝$\dfrac{\text{（個人の得点－同じ年齢集団の平均）}}{\text{（1/16×同じ年齢集団の標準偏差）}}$＋100

いるため、もし5歳児なのに15歳ぐらい（中学3年生並）の知能を持つ場合は、15÷5×100となり、知能指数300という結果になってしまいます。しかし実際には、ギフテッドでもここまで極端な値になることはありません。ギネスブックに載っている世界記録ですら228です。アメリカ史上最年少の9歳で大学に入学した子供が200を超えていると言われているぐらいで、IQ300の人間は実在しないのです。しかもこの方式だと、実年齢が上がると知能指数の数値が下がっていき、大人になればなるほど常人との区別ができなくなります（同じ10歳差でも、55歳が65歳の知能を持つ場合はIQ122となる）。

そこで、アメリカで1960年に制定された検査法では、知能指数は廃止され、かわりに偏差知能指数（DIQ、前ページの**2**）が使われるようになり、現在に至ります。この方式で計算すると、標準偏差が関わる都合で上限値が160ぐらいに固定されます。もし特別に頭の良いギフテッドがいた場合はそれ以上の数値になりますが、それでも200といった数字になるわけではなく、「160＋」と評価されるわけです。

IQ上位国のカラクリ

さて、イギリスはアルスター大学のリチャード・リン教授の調査によると、平均知能指数の上位5カ国は1位・香港、2位・韓国、3位・日本、4位・台湾、5位・シンガポールとなっています。ただ、これを見て「やっぱりアジア人は頭がいい」……

DIQの数値の定義

スタンフォードビネー式では偏差知能指数(DIQ)レベルごとに、右のように定義している。日本でも受験できる（日本語版がある）WAIS-IV、WISC-IV、WPPSI-IVなどの知能検査では、上限である130＋に達した子供がギフテッドとされる。

DIQ	定義
145-160	パーフェクトギフテッド
130-144	ギフテッド
120-129	天才
110-119	平均より上
90-109	平均
80-89	平均より下
70-79	ボーダーライン最低線
55-69	軽度の知的障害または発達障害
40-54	中程度の知的障害または発達障害

とは言い切れないのが実際のところ。というのも、上位国では知能検査の練習と予習を徹底的に行っていたりするからです。知能検査は標準化された内容なので、練習効果が高いのがポイント。検査キットを使って本番前にひたすら繰り返しておけば、知能指数を高く見せかけることは簡単です。日本の順位にもちょっとインチキがあって、我が国で標準的に採用されている田中ビネー知能検査は、欧米で標準的な児童向けの知能検査であるウェクスラー式（ＷＩＳＣ）より10程度高い値が出る構成になっています。

ちなみに、平均知能指数が世界で2番目に高い韓国は「ＩＱが生涯不変」で「検査で一度出たＩＱが一生を左右する」などとＩＱ信仰が強いお国柄。独自のＩＱテストが開発され、ＩＱ５００とか１０００まで測定できる珍方式が実施されたりしています。なんと彼の国には、ＩＱ４３０の政治家が実在するとか。この韓国限定方式を含めていいなら、彼らのＩＱは世界ダントツ1位。日本人の3倍頭がいいということになります。

いろいろと解説してきましたが、残念ながら現代日本は悪平等な横並び社会であり、ギフテッドが社会的に排除される仕組みになっています。もし自分を天才だと信じているなら、アメリカに行ったほうがいいでしょう。ギフテッド保護法では、外国人であっても国籍を与えて保護するという条項があり、なんと生活費もタダになります！

……でも、この記事を読んで自分はギフテッドだとか思い始めたらそれは単なる中二

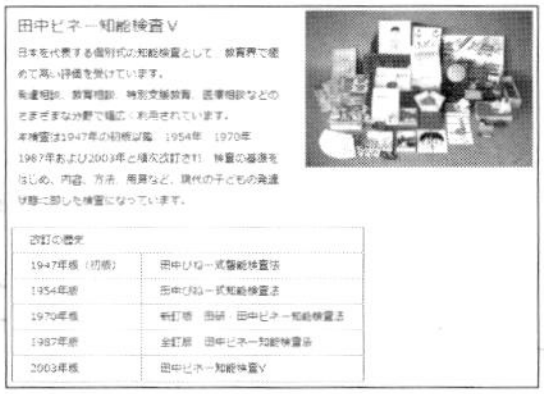

田中ビネー知能検査Ｖ

日本を代表する個別式の知能検査として、教育界で極めて高い評価を受けています。
発達相談、教育相談、特別支援教育、医療相談などのさまざまな分野で幅広く利用されています。
本検査は1947年の初版以降、1954年、1970年、1987年および2003年と順次改訂され、検査の基準をはじめ、内容、方法、用具など、現代の子どもの発達状態に即した検査になっています。

改訂の歴史	
1947年版（初版）	田中びねー式智能検査法
1954年版	田中びねー式知能検査法
1970年版	新訂版　田研・田中ビネー知能検査法
1987年版	全訂版　田中ビネー知能検査法
2003年版	田中ビネー知能検査Ｖ

日本で用いられる「田中ビネー知能検査」(http://www.maroon.dti.ne.jp/tier/test.html)。「田中ビネー知能検査Ｖ」は年齢ごとに問題が異なる年齢別方式で、１歳から13歳までと成人用に分類されている。ただしギフテッドには対応していない。

病の可能性が高いので、決して人生を踏み外さないように注意してください。

知能検査の歴史

1800年代後半から、ヨーロッパ諸国において義務教育が導入された。しかし、数%の子供たちはどんなに勉強を教えてもダメで、落第を繰り返してしまう（フランスの小学校には落第留年がある）。心理学者のアルフレッド・ビネー博士と弟子のシモンは、この子たちには特別なクラスで適切な教育を行うべきであると働きかけた。そこで、1904年にフランス文部省は「異常児童への教育を確実に行うための方法を検討する委員会」を設立。ただ、異常児童をどうやって識別するかが問題となる。骨相学をはじめ、いろいろ試したものの有用性が低かったため、新しいテストが作られることに。それが「ビネー式知能検査」であり、IQテストと呼ばれるものの元祖だ（何度も試験を繰り返して改良し、まとめたものが「ビネー式1911年版」）。ちなみに、このビネー式知能検査はフランス語で書かれており、フランスの常識問題で構成されているため、外国では使えない。そこで、各国で再標準化が行われている。

1916年にアメリカで作られたスタンフォードビネー式テストでは、成人まで対応するように改良。これによってIQの高い人間も測定できるようになった。ギネス記録のIQは、この1916年版スタンフォードビネー式テストで出たものだ。

1939年、デビッド・ウェクスラーによって「ウェクスラー・ベルビュー知能検査」が発表される。最大の特徴は、知能指数（IQ）を廃止して偏差知能指数（DIQ）を採用したこと。スタンフォードビネー式も1960年版ではIQを廃止してDIQに変わり、1986年版では「優秀児の特定」つまりギフテッドの発見が検査に盛り込まれた。

日本においては、フランスのビネー式を日本語にあわせて再標準化した「田中びねー式智能検査法」が1947年に登場。改良が続けられ、2003年版「田中ビネー知能検査V」が出ているが、欧米では廃止された知能指数（IQ）を現在も採用している。実は21世紀になってもIQに固執しているのは日本、韓国、香港、台湾など極東地域一部のみ。欧米諸国やアフリカ、中東、インドなどはウェクスラー式かスタンフォード式を基準にしたDIQが標準になっている。

アルフレッド・ビネー

I-7

インターポールの真実

唐突ですが、国際刑事警察機構ってご存じですか？　わからない？　ではInternational Criminal Police Organizationだとどうでしょう？　それでもピンとこなければ略称のICPOでは？　ここまで言えばおわかりですよね！　そう、銭形のとっつぁんでお馴染みのインターポールとも呼ばれる組織です。

イメージ先行？　微妙な力のICPO

実は『ルパン三世』で描かれるインターポールは実際のそれとかなり異なります。インターポールの職員のことをインターポール・オフィサーといいますが、彼らには捜査権も逮捕権もありません。捜査や逮捕を行ういわゆる警察権はそれぞれの国の主権事項。国際組織が主権を犯して行使などできないのです。銭形警部がインターポールの一員として「ルパ〜ン！　貴様を逮捕するぅ!!」ということは起こりえません。では現実世界のインターポールが何をしているかというと、ざっくりと言ってしまえば各国警察の相互連絡会みたいな役割を担っています。

ニュースなどを見ているとたまに耳にする〝国際指名手配〟。これを司るのがイン

インターポールの警察手帳を見せる銭形警部(『ルパン三世 東方見聞録 〜アナザーページ〜』より)。

ターポールです。ただしこれも強制力はなく、「こいつ犯罪者なんでお願いねー！」って書類を加盟国に送るだけだったりします。たとえば、ペルーの元大統領・フジモリ氏が日本に逃げ込んでいたとき、インターポールから国際手配書が警視庁に来ています。しかし法的拘束力がないのでフジモリ氏は逮捕されませんでした。なお、事案によって手配書の色が異なるのがインターポールの手配書の特徴です。

ぶっちゃけた話、本当に相手を逮捕したいときには犯罪者引渡条約とかを活用した方が早いのが現実だったりします。国際手配は、それができないときに次善の策として仕方なくするようなもの。

ただ怖いのは、犯罪の警告に使われる緑の手配書です。これは変態的犯罪の注意勧告にも用いられ、ペドフィリアも対象に含まれます。ミーガン法を擁するアメリカのように元ペド犯罪者の居場所を追跡公表する国はインターポールにもその個人情報を提供するので、たとえ海外に逃亡しようともそこがインターポール加盟国であれば「こいつロリコンでっせ！　気をつけなはれ」ということで即バレしてしまうのです。

ズブズブな関係？インターポールと日本

『ルパン三世』のイメージがあるとガッカリな印象が否めないインターポールですが、前述した相互連絡会という側面からはデータベースの共有などで目覚ましく活躍しています、一見は。

国際手配書の色とその意味

赤…犯罪者の逮捕、及びその引き渡しを求める
青…犯罪者の居場所や個人情報の提供を求める
緑…犯罪者の犯罪行為について警告する
黄…行方不明者に関する個人情報の提供を求める
黒…身元不明の死体について身元照会を要請する
オレンジ…公共の安全に対する脅威について警告する
紫…犯罪者が使用する手口や道具についての情報提供
特別手配書…国連安全保障理事会の制裁対象についての情報提供

インターポールが誇る犯罪情報システム（ICIS）には指紋、DNA、写真、経歴、盗難にあった物の記録などさまざまなデータがあり、公式発表では157カ国10万人、パスポート2700万件、盗難車715万台などの情報を有しているとのことです。たとえばパスポートの盗難に遭ったときに警察に届けると、盗難パスポートの番号がインターポールのデータベースに登録されます。その後、加盟国の空港でそのパスポートが使われると、理屈の上では一発でアウト。まぁすべてがすべて即座に参照されるわけではないのであくまで〝理屈の上〟なのですが。

またたとえば、日本で盗まれた自動車は外国に持ち出されることが多いため、盗難車情報は警視庁経由でインターポールのデーターベースに登録されます。これが奏功して盗難車の行方が判明することも少なくありません。実際過去には、ある農家に警察がやってきて「3カ月前に盗まれたあなたのトラックがレバノンで首相暗殺に使われたとインターポールから連絡がありました」と報告されたという、にわかには信じがたいエクストリーム盗難事件もありました。

このデータベースですが、本体はフランスで、バックアップがシンガポールにあります。「スゴイサイバー技術で守られているのでセキュリティもバッチリ♪」とかインターポールは言うのですが、加盟国の警察はすべて自由に閲覧できるので、職員からの情報流出には対策しようがないような気がしてなりません。

ちなみにインターでポールなんだからインターネット上での活動はもちろん早期か

ら力を入れて……いませんでした。なんとインターポールのインターネット部署は2014年までたったの4人しかいなかったほど。ただここにきてなぜか大幅に増強され、2015年4月にサイバー犯罪対策に特化した組織「IGCI（INTERPOL Global Complex for Innovation）」をシンガポールに開設しました。第二本部と言われるほどの規模で、事実、予算も人員もフランス・リヨンの本部に次ぐ2番目になっています。

そして実は、ここのトップは日本の警察からの出向者。さらにサイバー技術を提供しているのはNECです。あまり知られていない事実ですが、インターポールへの技術提供はかなり昔から日本企業が行っています。日本とインターポールはかなり深い関係と言えるでしょう。余談ですがインターポールの予算のもとになる加盟国による分担金は、日本がアメリカに次いで第2位。さらに言うと1996年から2000年まで、インターポール第15代総裁（インターポールのトップは総裁。『ルパン三世』のICPO長官は存在しない）を務めたのも兼元俊徳氏という日本人でした。

人も技術もお金も出すとなったら縁が深くなるのも当然ですね！　あ、でもヨーロッパや分担金第1位のアメリカはサイバー犯罪に独自で対抗していて、インターポールなんかまったく当てにしていなかったりします。

読者の方々は、「なんだインターポールってまるでダメじゃん」と思われたかもしれません。確かに逮捕権がなかったりと、警察的な働きを直接してはいないのですが、

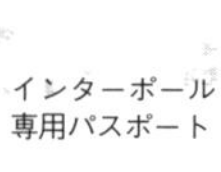

インターポール専用パスポート

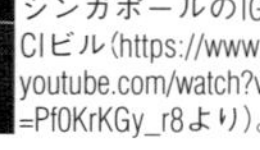

シンガポールのIGCIビル（https://www.youtube.com/watch?v=Pf0KrKGy_r8より）。

さまざまな特権があるのも事実です。インターポール・オフィサーは捜査協力のために世界各国を訪れるのですが、加盟国ではビザが不要だったり、フランスなど一部の国では外交特権に準ずる権利が認められていたりもします。そうした特権を認める、インターポール・オフィサーたちしか持てないパスポートもあります。

また、インターポール・オフィサーには、ICチップ入りの身分証明書が発行されます。PKI用デジタル証明書が搭載されているこの身分証明書がなければ、インターポール犯罪情報システムにアクセスできません。ちなみに、この身分証明書にも日本の技術が。なんと凸版印刷が販売するカラーカードプリンタ・CP400-Ⅲが使われているのです。CP400-Ⅲは住民基本台帳カードの作成にも使われていて、日本の役所にも普通に置いてあります。

昔は存在した？　インターポールの捜査官

そもそも、インターポールの始まりは100年前のこと。1914年4月14日、モナコの大公・アルベールⅠ世が14カ国の警察をモナコ市に集めて第1回国際刑事警察会議を開催します。この会議、実は超私的な理由で開かれました。アルベールⅠ世のドイツ人の愛人がモナコ王宮から財宝を持ち逃げしてイタリアに逃げ込むという事件が発生したのです。アルベールⅠ世はイタリア警察に「愛人を逮捕しろ」と要請するのですが、「イタリアの法律で裁けないから無理……」と外交ルート経由で断られて

インターポール・オフィサー身分証明書のサンプル（EU公文書管理より）。

しまいます。これにブチ切れた大公が愛人を捕まえるために会議を招集。超私怨ですね。このときは捜査権も与えられていたので、この愛人逮捕のために任命された人が、おそらく世界初の国際捜査官ということになるんでしょう。

その後、1923年になってインターポールの前身組織である国際刑事警察委員会（ＩＣＰＣ）の本部がオーストリアに誕生します。このときにも捜査権がある組織だったのですが、長続きはしませんでした。

第二次世界大戦前夜、ナチスドイツがオーストリアを併合。その結果、ＩＣＰＣ本部はベルリンへと移され、幹部は全員ゲシュタポの幹部が兼任。つまりインターポールは乗っ取られてしまったのです。悪名高いゲシュタポですが、あくまでもドイツの国内組織。勝手に国外で捜査するのは、書類上&建前上は問題があります。そんなときにうってつけだったのがインターポールだったわけです。実は『アンネの日記』で有名なフランク一家をオランダで逮捕したのもインターポール捜査官でした。ほかにもヨーロッパではインターポールの皮をかぶったゲシュタポが暗躍しまくります。

インターポール的には「この時期は活動中断期間」というのが公式見解です。いろいろと酷いことをしたのはゲシュタポであってインターポールじゃありませんよ、ということでしょう。ただ、ヨーロッパでは国際捜査官＝ゲシュタポというイメージが刻まれてしまっています。そういうワケで再びインターポールが捜査権を持つことなどありえないとされているのです。

Ⅰ-8

知られざる警察史

警察組織の設立と発展の過程において、あまり知られていない事情を2つのパート（私設警察・探偵）に分けて紹介しておきましょう。

「治安維持は自治体ごとに独自に行う」という思想が、古代ローマ帝国から19世紀まで続いていました。日本も明治になるまで藩ごとの自治体警察で、全国規模の組織はなかったのです。

自治体警察の弱点は、犯罪者がその自治体から逃げてしまえば追われない、逮捕されないこと。現代の感覚でいえば、隣の市町村や都道府県に逃げることが国外逃亡と同レベルだったのです。これでは犯罪者が得をして困るので、近代国家になると中央集権化された警察機関が創設されます。アメリカでＦＢＩ（連邦捜査局）が発足したのは１９０８年。ただし、現在も基本は自治体警察です。

日本は明治時代に警察（警保局）が作られた際、各藩ごとだったのを中央集権化し国家警察に一元化しました。しかし、敗戦後にＧＨＱが日本の警察をアメリカ式に作り直して、国家地方警察と自治体警察の二本立てに。自治体警察の予算は、地方自治体が自分で負担することになったのですが、これまで中央の国家予算で運営されていた警察費用を市町村ごとに自分らで払えと言われても、敗戦で経済が崩壊していて不可能です。せっかくアメリカ様が自治権を与えてくれたのに、自治権を維持できるだけの経済基盤がなかったので、設立後すぐに警察権を返上して次々と国家地方警察になりました。

1952年に平和条約が締結されGHQがいなくなると、1954年に警察庁と都道府県警察からなる中央集権的国家警察に戻り、現在に至ります。つまり日本の警察は、1度アメリカ式になって崩壊して、日本式に戻ったのです。

アメリカ式の最大の欠点は、税収が少ない自治体ほど警察が弱体化して治安が悪化すること。まあ、税収がそれなりにあっても、治安悪化が酷くて追いつかない場合もありますが。市長が有能な人に代わったら、急に治安が良くなったのがニューヨークです。このため、アメリカの治安は地域差がものすごいことになっています。

私設警察＝請願巡査

日本には、1881年（明治14年）に制定され、1938年（昭和13年）3月31日に廃止されるまで、「請願巡査」という制度がありました。個人や企業が警察に頼んで、費用をすべて負担することを条件に、お望みの場所に交番を設置して警察官を常駐させてくれる制度です。明治の日本は国家予算が足りず、全国に警察官を配置するだけでも大変でした。そこで治安が悪化しやすい場所に、地主の自己負担でミニ警察署を

日本生まれの「交番」制度

1994年まで「派出所」と呼ばれていた警察の出張所。全国に6,200カ所以上ある。日本独自のシステムで、道案内や落とし物受付から防犯活動まで対応し、ミニ警察署と言えるほど充実した機能を持つ。近年は外国にも導入されており、アメリカやシンガポールにも「KOBAN」が存在する。

作る発想が生まれたのです。

埼玉県秩父市の三峯神社には、請願巡査詰所がいまだに残っています。当時の本堂の脇に1885年6月9日に作られ、1980年に移築。歴史資料として保存されているようです。なぜ神社の本堂の横に交番が必要だったのかというと、当時の神社は高利貸しをしていたから。農民に襲撃されて多くの借用書を焼き捨てられ、盛大に借金を踏み倒されるということがあったためです。

1884年11月1日、埼玉県で大規模な農民による武装蜂起事件である「秩父事件」が起き、その翌年、三峯神社に請願巡査詰所が作られました。秩父事件自体は軍隊が投入されて瞬殺されたのですが、根本的な原因（農民の貧困）は少しも解消されず、いつ2回目が起きるか分からない状況だったのです。当時の神社は「富籤」という宝くじを売ってギャンブルの胴元をした上に、高利貸しをして私設警察を置くとか、帝愛も真っ青の非道っぷりでした。

ちなみに費用は、交番の建設費全額負担に、交番1か所につき埼玉県警の警察官1人常駐で年間144円65銭7厘（1892年当時）。毎年値上げされ、大正バブル期には追加費用の請求もあり、1926年には880円に。これは庶民の年収の2～3倍です。

請願巡査どころか、多額の寄付により正規の警察署を建てさせた金持ちもいます。それは太宰治こと、本名津島修治の父親である津島財閥当主・津島源右衛門。彼は津

請願巡査詰所

埼玉県内には、多い時で12か所の請願巡査詰所があった。秩父市にある三峯神社には、当時の状態で保存されているので今でも見られる。（画像左：『埼玉県警察史』より）

三峯神社　http://www.mitsuminejinja.or.jp/

軽地方有数の大地主かつ実業家で、納税額がものすごい金額だったため貴族院多額納税者議員になったほどの大富豪です。しかし、３００戸以上ともいわれた小作人らとの関係はあまり良くなかったのか、自宅を高さ４ｍの塀で囲った上に自宅の前に警察署を作らせました。

日本で本格的な交番の設置が始まったのは１８７５年（明治８年）。五所川原村に第五大区警察出張所が作られ、金木村の津島家前に金木村第三巡査屯所がその分署として設置されました。１８７９年に第五大区警察出張所が警察署に昇格したので、金木村第三巡査屯所も分署にグレードアップし、１８９０年には津島家が金を出し独立して警察署が新築されます。そして１９２１年（大正10年）には、大正バブルで儲けた金の一部（１４５００円）を使って、立派な警察署を建てて正式に金木警察署になり、１９６３年（昭和38年）まで存在していました。

時代が進むほど私設警察が肥大化していったのは、そこまで農民の暴動が怖かったからなのかは謎です。が、大正時代になってから急激に貧富の格差拡大に伴い、請願巡査詰所と請願巡査が増えました。大半は巡査１人が常駐で、大きくても巡査部長（通称ハコ長）が指揮する数人程度の現在の交番規模程度。津島家よりも大富豪で大地主だった山形県の本間家や、徳川家最後の将軍だった徳川慶喜公爵家ですら家に請願巡査１人が常駐していただけ。正規の警察署を建てさせた津島家はかなり異様な存在です。太宰治の親兄弟だけに、何かの強迫観念に取り憑かれていたのでしょうか？

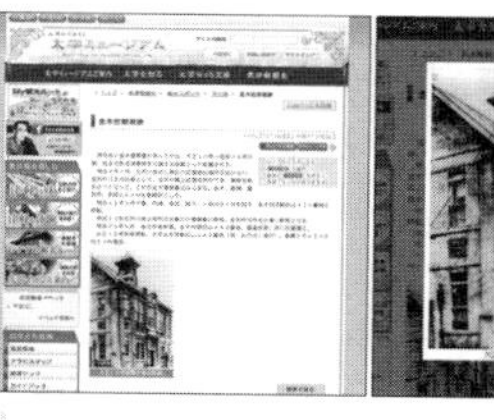

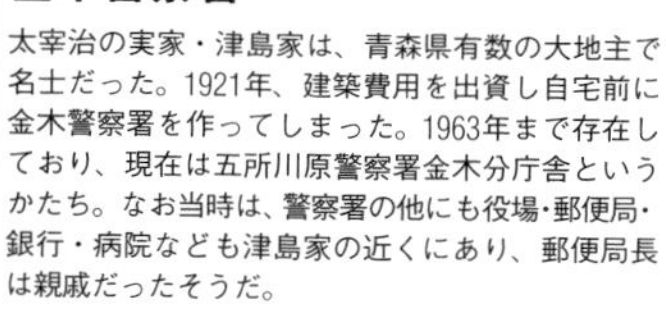

金木警察署

太宰治の実家・津島家は、青森県有数の大地主で名士だった。1921年、建築費用を出資し自宅前に金木警察署を作ってしまった。1963年まで存在しており、現在は五所川原警察署金木分庁舎というかたち。なお当時は、警察署の他にも役場・郵便局・銀行・病院なども津島家の近くにあり、郵便局長は親戚だったそうだ。

太宰ミュージアム https://dazai.or.jp/

太宰治が鎌倉で心中事件を起こして女の方だけ死んでしまった時には、すでに源右衛門は亡くなり文治（太宰の兄）が家督を継いでいましたが、偶然にも担当刑事が金木村出身だったり、偶然にも担当検事が津島家の遠縁（源右衛門の実家・松木家の縁戚にあたる宇野家の人物）だったりして、あやしさ満点の謎の力が働き、太宰が自殺幇助罪に問われることはありませんでした。

また、警視庁出入りの御用商人から情報を得て、太宰の下宿に思想犯刑事が踏み込む直前に、左翼活動に関わる書類を処分したりしています。

身内が警察に目をつけられているなら、その目を自分の息のかかった人間にしてしまう……という無茶技は、権力者がよくやる手口です。

特に地元警察官を子分にすることは簡単。なにしろ警察官の採用は都道府県単位です。県内有数の大地主ならば、自分に従順に従う小作人の三男以下の余った子を警察官に斡旋することは造作もありません。

この地元有力者と警察が癒着するやり口は戦後に問題視され、警察官は出身地勤務がタブーとされるようになりました。

請願巡査が廃止された理由は、日本が戦時体制になったことにより巡査から巡査部長までを増員する必要が生じて、請願巡査が普通の警察官に組み込まれたからで、腐敗や汚職撲滅などのためといった前向きな理由ではありません。

日本では戦前に廃止されましたが、韓国では日本統治時代からの制度を受け継いで、

参考資料

月刊『噂』1973年6月号「特集 “保護者”が語る太宰治」

プライベート警察が21世紀の現在も存在しています。この請願警察の組織は普通の警察からは独立していて、「青首振り」などと俗称され賄賂などの不祥事が絶えません。韓国は、なぜ日本の悪いところを残してしまったのでしょうか……。

探偵と刑事の関係

請願巡査は防犯する警察で、起きてしまった事件を解決することはできません。請願巡査を雇えるほどの富豪が犯罪被害に遭ったらどうするのかというと、自費で民間捜査機関＝私立探偵に依頼します。昔は公的な警察の刑事を「探偵」と呼んでいました。「派出所」が「交番」に名称変更されたようなものと考えて下さい。つまり私立探偵とは、国が運営する公立探偵である刑事の対義語なのです。

アメリカで有名な私立探偵といえば、シャーロック・ホームズではなくアラン・ピンカートンとウィリアム・J・バーンズでしょう。両名とも実在の人物になります。というより、シャーロック・ホームズの初登場は1887年の『緋色の研究』ですから、1850年創業のピンカートン探偵社の方が古いのです。実在の探偵であるピンカートンが、コナン・ドイルの創作に影響を与えて、シャーロック・ホームズシリーズ『恐怖の谷』は、ピンカートンが実際に解決した事件を元ネタにしています。「シャーロック・ホームズはピンカートンのパクリ」とか言ったら、世界中のシャーロキアンにシメられるでしょうか？（笑）

アラン・ピンカートン（1819～1884年）

ピンカートンは、アメリカ初の私立探偵社を設立。スパイ・追跡・身辺警護などを請け負った。企業側からスト破りのために、組合員らを監視する目的で雇われることもあった。左のイラストは、1884年に起きたオハイオ州のスト破りを、ピンカートン探偵社の警備員らが護衛しているところ。

犯罪者と敵対するはずの私立探偵は違法スレスレの存在です。詐欺師や泥棒に対するカウンターとして商売は成り立っているわけですが、当然のごとくマッチポンプも頻繁に起きています（日本では「事件屋」と呼ばれる。事件屋は表の看板として私立探偵を名乗ることがある）。

詐欺師と事件屋が最初からグルで、詐欺師から取り戻して依頼人に報酬を要求。これにより詐欺事件が金で解決してしまい、被害届が出されず、警察に認知されずに終わります。自分で火をつけて消してしまえば、詐欺師が詐欺罪に問われない非常に高度な詐欺なのです。

当時の探偵稼業のヤバさを示すエピソードとして、リンカーン大統領は戦時中、ピンカートン探偵社に身辺警護を依頼していましたが、解約後に暗殺されてしまうという笑えない実話があります。

別に解約された報復としてピンカートンが暗殺したわけではありません。ピンカートンによる警備方法があまりにも極悪非道過ぎたため、リンカーンを狙う側の覚悟もガンギマリ状態になっていました。そんな奴らから護れる組織は、もはやピンカートンしかなかった……というのが実情です。これを教訓に、大統領を警護する専門組織「シークレットサービス」が誕生しました。

その仕事ぶりがあまりにも酷かったので、1893年3月3日に「アンチ・ピンカートン法」という法律ができてしまったほどです。法律の名前や条文が、ピンカートンまたは同様の組織を名指ししているのがすごいところです。

ピンカートンが法規制された後の１９１０年10月１日、新聞社ロサンゼルス・タイムズのビルにダイナマイトが投げ込まれてビルが倒壊、死者21人に負傷者１００人という大事件が起きました。事件翌日、ロサンゼルス市長ジョージ・アレクサンダーは、名探偵ウィリアム・Ｊ・バーンズを呼び出して犯人探しを依頼します。同時にロサンゼルス市は、犯人に２５０００ドルの賞金をかけました。現代でいえば７６００万円相当です。民間からも賞金が集まり、賞金総額は７５０００ドルにまで膨れ上がり、現代のお金で軽く2億２０００万円超え。バーンズは名推理により、インディアナ州インディアナポリスまで逃げていた犯人２人を見つけ出し、約半年後の１９１１年４月22日に逮捕しました。

多くの事件を解決した功績が認められ、バーンズは１９２１年にＦＢＩの捜査局長に就任します。ＦＢＩの局長就任後も、彼はバーンズ探偵事務所の探偵長を続けており、表の顔はＦＢＩ局長、裏の顔は名探偵という二面性を持っていました。そのため「バーンズ国立探偵事務所」と揶揄されるようになり、妙な存在に……。そんな二足のわらじはいろいろと問題があったようで、ＦＢＩの捜査局長は辞職させられてしまいました。その後、探偵物のミステリー小説を書いたのですが、文才はあまりなかったのか、残念な売れ行きで出版社から打ち切りに……。本物の名探偵の推理は、リアル過ぎて面白くなかったのでしょうか？

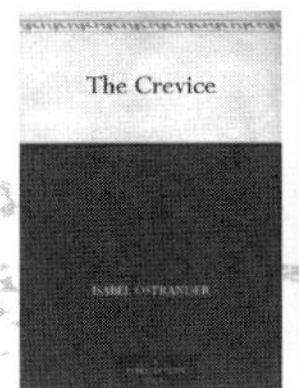

ウィリアム・ジョン・バーンズ（1861 〜 1932年）

名探偵として名を馳せ、FBIの捜査局長も務めた。後年、作家となったが、こちらの評判はイマイチだったようだ。その残念な小説『The Crevice』はkindleにて0円で読める。英語版だが、興味のある方はどうぞ。

I-9

学校では教えてくれない死体処理

誰にでも、必ず一度は振りかかる「死」というもの。自分自身に限らず、家族をはじめとした周囲の人間やペットなどが死ぬことってありますよね。そんなとき、放置しておくわけにもいかないので、ちゃんと処理しなくてはなりません。では、その方法にはどんなものがあるのでしょうか？　今回は、死体の処理方法について紹介していきましょう。まあ、基本的には葬儀屋さんに相談すれば全部やってくれるんですけどね。人間の死体を勝手に処理すると死体損壊罪や死体遺棄罪に問われますので、くれぐれもご注意を。人殺しをしたなら、おとなしく自首してください。

さて、死体処理の基本は、肉や皮などの軟組織を取り除いて骨だけにするのが一般的。現代日本において、人間の場合は99％が火葬にされ、残った骨は陶器の壺に入れられてお墓に入ります（最近の流行では、海に撒いたりする「散骨」なんてのも）。残り1％は土葬か、アリエナイ死体処理法となります。

知っておこう、死体の変化

そもそも、人間は死ぬとどうなるのでしょうか？　まずはその辺りから解説していきましょう。人間も含めた哺乳類全般は、死後2～3時間で死後硬直が始まります。これは、呼吸が止まる↓グリコーゲンが分解されて乳酸がたまる↓筋肉のpHが低下↓筋肉のアクチンとミオシンが合体しアクトミオシンに変化する、という流れによって筋肉が硬くなる現象です。ちなみに、筋肉に対して起きる作用なので、死後硬直で勃起（海綿体の充血によるもの）とかはアリエマセン。死姦趣味の女性はがっかりですね。

さらに数日経つと、筋肉細胞に残っているタンパク質分解酵素プロテアーゼの働きで硬直が解けて、柔らかくなっていきます。この現象は「自己融解（オートリシス）」といいますが、食肉業界で「熟成」と呼ばれているアレです。熟成はタンパク質分解酵素の作用なので、無菌状態でも起きます。

また、死体を放置しておくと、自己融解と平行して細菌による腐敗が始まります。人間はどんなに清潔にしていても消化器官や表皮にいろんな菌がいるので、それらが原因で腐っていくのです。腐敗死体を眺めるのは精神的にもよろしくないですし、伝染病の原因になったりしますので、火葬なり土葬なり、処理をするというわけ。

ちなみに、土に埋めた場合、人間サイズだと、完全に白骨化するまでに半年ぐらいかかります。もし急いで白骨化させたい場合は、土中よりも水中に沈め、昆虫や微生物による食作用を利用するといいでしょう。もっと早いのが動物に食べさせる鳥葬とかアルマジロ葬などですが、これは骨が痛んでしまいます。後述する標本作成を目的とするならば、避けたほうが無難です。

アリエナイ死体処理・溶かして消滅

白骨もボロボロにして完全に抹消したい場合は、水酸化ナトリウムや水酸化カリウムで煮込むのが一番。方法としては、どこのお宅にもある巨大ナベ、風呂桶を使うのです。

まず、死体を風呂に入れて、お湯をいっぱいになるまで張ります。次に薬品を投入。濃度が濃いほど早く溶けるので、大量にぶち込みましょう。死体が浮かばないように風呂のフタをして重しを載せ、追い炊きにしてよく煮込みます。

これだけで、半日ほどで肉が溶けて白骨に。あとは、風呂の栓を抜いて下水に流してしまえば、肉は消えてなくなります。また、薬品で煮込まれた骨は脆くなっているので、金槌で細かく砕き、燃えるゴミに出してしまえば、もう死体は見つかりません。

……どうしても試してみたくなってしまった中二病なお年ごろの方は、ペットのエサ用に売っている冷凍ラットを買ってきて、台所で実験してみてください。ただし、くれぐれもお母さんに見つからないように。

アメリカでは、これとまったく同じ原理を用いた「リソメーション（Resomation）」（「人体の生まれ変わり」を意味するギリシャ語「resoma」から取ったとか）という最新の死体処理方法があり、一部の州では葬法として認められています。装置にかける

アメリカの一部の州で使われている液体火葬装置。

とわずか3時間弱で遺体が骨と茶色いシロップ状の液体になり、溶けた肉は普通に下水に流すらしいです。

「そんな処理方法は気持ち悪い」との批判もあるのですが、リソメーションを実施している団体は「微生物が肉を分解していく過程と同じだ」と主張。確かに加水分解には、アルカリや酸で煮込む工業的な分解と、細菌が持つ加水分解酵素の働きで行われる自然のものがあり、科学的にはどちらも等価と言えます。それで納得してもらえるのかは不明ですが……。

もっと簡単に、死体を一瞬で消す方法があります。それは溶鉱炉（高炉）に放り込むこと。なにしろ、ターミネーターだって綺麗に分解されたぐらいですから。ただし、映画のようにドボンと落ちることが可能な溶鉱炉は存在しません。

高炉は鉄鉱石から銑鉄を取り出す装置で、その過程で不純物をスラグとして分離、排出します。不純物と結合させるために石灰石（主成分：炭酸カルシウム）が投入されており、人間の骨が混ざっても識別は不可能。また、人体を構成している炭素と水は、二酸化炭素と水蒸気になって消えてしまいます。

一般に、溶鉱炉と呼ばれるものは「高炉」と「転炉」（銑鉄を鋼に転換する炉）の2種類が混同されがち。「溶鉱炉青年」でググると出てくる事故の場合は、高炉ではなく転炉だったらしく、骨は残ったようです。

死体を有効に活用する方法

人間の死体も貴重な資源、火葬して二酸化炭素と骨だけにするのはもったいない！ということで、死体の活用法として最も有用なのが「献体」です。医学の発展のためには非常に重要で、特に若い女性が求められています（けっしてスケベ心で言っているのではありません。医学的に勉強になる点が多いからです）。ちなみに、筆者の初めての解剖実習は、病死した大学の先輩でした。現在でも標本になって、後輩の勉学のために役立っているそうです。

ところで、医学生が遺体の耳を切り取って「壁に耳あり」という寒いギャグをやったという話がありますが、あれは都市伝説。献体していいただいた方の尊厳を傷つけたら、即、退学になります。

◉骨格標本

献体していただいた遺体を末永く勉学に役立てるため、標本にすることが古くから行われてきました。現在では、倫理問題から理科室の人体模型は作り物になりましたが、古い時代の学校には、かならず人間から作られた骨格標本があったものです。

欧米の中世時代においては、炭酸ナトリウムや重炭酸ナトリウム（重ソウ）を入れた巨大な釜で死体を煮込んで白骨にしていました。医者に弟子入りすると、必ず一度はその仕事をさせられたそうです。電気はなかったので当然薪を燃やすのですが、沸騰させると骨が痛むので、火加減を見ながら延々と煮込み続け、死体が膨張して浮かび上がってくると棒で押して沈めていました。これが「病院にはホルマリンプールがあって、浮いてくる死体を棒で沈める高額バイトが存在する」という都市伝説のネタ元というわけです。

死体コレクターとして有名なイギリスのジョン・ハンター医師（１７２８年－１７９３年）の家には、身長２４９cmの大男を煮込んで骨にするための特注の釜があったそうです。

◉プラスティネーション

見世物として世界中を巡業しているので、見たことのある人も多いかと思います。かなり高額な費用がかかりますが、献体していただいた遺体を元の姿のまま、永遠に使えるようにする素晴らしい技術です。技術としては古く、元々は臓器の一部だけなど、小さい物で行われていましたが、最近になって人間丸ごとやるようになりました。

もし個人でプラスティネーションを行う場合、必要となるものは次のとおりです。

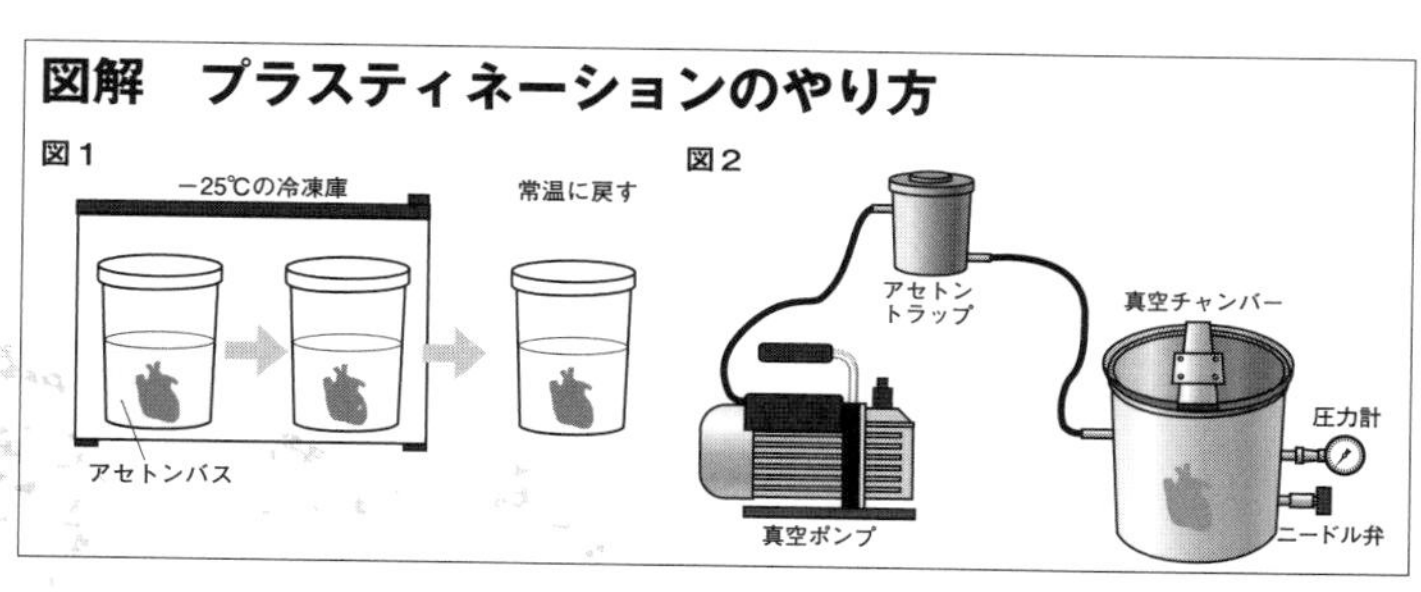

用意するもの

- アセトンをドラム缶1本ぐらい
- ホルマリン原液を20ℓ程度
- マイナス25℃まで冷やせる大型冷凍庫
- 人間がすっぽり入る真空容器
- 真空ポンプ（なければ掃除機でもＯＫ）
- シリコン樹脂系プレポリマー溶剤（死体の体積と同じぐらい）
- 硬化剤適量
- 珪酸ソーダをドラム缶1本ぐらい
- 噴霧器（除草剤を撒くやつ）

準備ができたら、遺体を10％ホルマリン溶液に10日漬け込みます。この時点でポーズを決めておきましょう（後で変更することは困難なので）。次に、マイナス25℃の冷凍庫でアセトンに漬け込みます。具体的には、濃度70％のアセトンで2日間、濃度80％でさらに2日間、最後は濃度90％のアセトンに3日漬け込むこと。終わったら冷凍庫から出し、常温になるまで放置します（図1参照）。

その後、シリコン樹脂系プレポリマー溶剤で満たされた桶に入れて1日。樹脂が染み込んだら、硬化剤を加えてさらに2週間漬け込みます。そして、人間がすっぽり入る真空容器に入れて、1カ月程度真空ポンプで負圧をかけましょう（図2参照）。最後に余分な樹脂を取り除いて、珪酸ソーダを噴霧しながら3日ほど常温で乾燥させれば完成となります。

この方法で美少女をプラスティネーションすれば、スーパーリアルな等身大フィギュアになります。ただし、ポーズは完全固定となり、動かすことはできないのでご注意ください。

教育者の鏡

ルーマニアのプラホヴァ県にある小学校では、校長を務めていたアレクサンドル・グリゴレ・ポペスク（AlexandruGrigore Popescu）先生が「教育に役立つようであれば、自分が死んだらすぐに埋葬せず、すべての骨をここの理科室に展示してもらいたい」という遺言を残したため、死後に骨格標本（白骨死体？）になって理科室に安置されています。教師生活50年、さらに死んでも生徒のためにと自ら理科の教材になったわけで、まさに先生の鑑ですね。一時期、保健当局に撤去されていましたが、無事学校に返却。理科室で生徒たちを見守っているそうです。

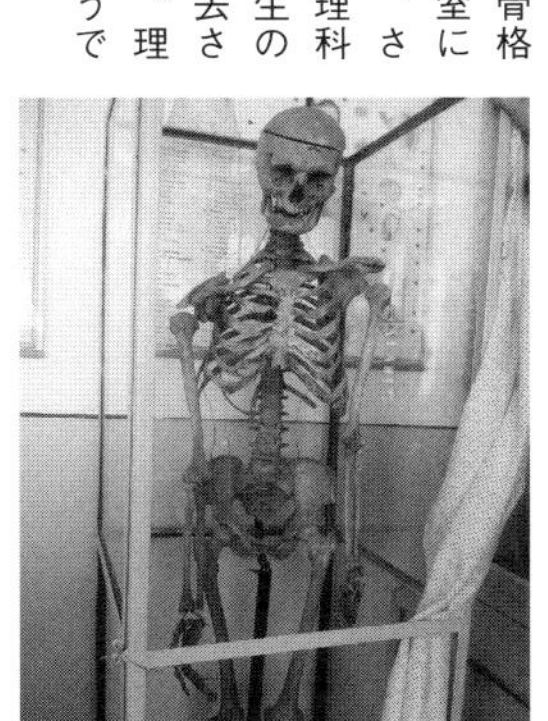

http://www.publika.md/2134541より

悪のお金の章

CHAPTER Ⅱ

Ⅱ-1

石油王と麻薬王

大富豪の代名詞といえば石油王。巨悪の代表といえば麻薬王。

まずは、石油王についてみていきましょう。実は、石油王と呼べる人間はさほど多くありません。彼らにも2種類ありまして、まず、サウジアラビア、クウェート、アラブ首長国連邦、ブルネイなど、本物の国王たちを指す場合。もうひとつは、ロックフェラーやジャン・ゲティのような石油メジャーの創業者を、王様ではないけど石油王と呼ぶ場合があります。

王様の石油王の現実

石油王といえばまず挙げられるのが、世界最大の産油国であるサウジアラビアの国王。世界で五指に入る大富豪と言われています。しかし、無尽蔵の富を持つように思われがちですが、実際には原油価格の低迷が原因で、10年以内に破産するのではないかと心配されているのが現状です。２０１７年の時点ですでに莫大な貯金の取り崩しを行っており、底を突くのも時間の問題と言われているほど。

石油王の富を食いつぶしているのは、一夫多妻制により鼠算式に増えた、２万数千

サウジアラビアの国王は刀剣コレクターとして有名。エルガ宮殿の宝物庫には、国王直属の刀剣男子たちがいる。石油王はリアル刀剣乱舞をプレイしているのだ(ABCニュースより)。

人もの王族たちに支給されているベーシック・インカムです。また、国王が外遊ともなれば数千人がタダでいける観光旅行についてくる始末。このように石油資源に依存した経済で成り立っている国を「レンティア国家」、別名ニート国家と呼びます。

というわけで、世界の石油王はいまや、バブル崩壊のような状況に追い込まれています。原油価格低迷の対策として増税を始めていますが、焼け石に水な感じ。もし石油王と結婚できても、早々に破産という目にあうかも?

ちなみに、サウジアラビアの国王が住んでいる首都リヤドのエルガ宮殿は基本2階建て(部分的に4階まである)で、最大で高さ27mしかない平べったい宮殿です。また、外国の要人を接待するために使用されているジッダの宮殿は、実は日本製で、建築家の丹下健三が設計したもの。一般にイメージされるような「石油王の宮殿」としては地味に見えてしまうため、アメリカの映画などでサウジ宮殿として登場するのは、実は豪華ホテルの外観だったりします。これはアラブ人の考える宮殿と、日本人やアメリカ人が考えるヨーロッパ式の宮殿のイメージが根幹から異なるため。中東で宮殿っぽいのは、大規模なモスクなのです。

さらに余談ですが、「サウジアラビアの空飛ぶ宮殿」といわれる4億ドルの自家用機や、全長200mある6億ドルのヨットを持っているのは、アル=ワリード・ビン・タラール・アブドゥルアズィーズ・アール・サウードという人。国王でも政府でもありません。ワリード氏は世界で8番目の資産家にして、世界長者番付22位の大富豪ですが、石油収入ではなく投資で稼いでいるので、石油王子ですらありません。世界的にはサウジの王子様と呼ばれていますが、父親が王位継承権を放棄しており、自身も権利を持っていません。王族には違いないのですが、王子と呼んでいいのか微妙な存在です。ただし、石油が枯渇したときに頼りになるかもしれない重要人物なのです。現在独身だそうですが、奥さんになれたら石油王の妻よりも贅沢できると思われます。

贅沢三昧をしている石油王なら、サウジよりもブルネイです。ブルネイの石油王ハサナル・ボルキアが作らせたイスタナ・ヌルル・イマン宮殿は、世界最大の宮殿としてギネスにも認定されています。総工費4億ドルで、床面積が20万㎡もあります。サウジアラビアの宮殿の1万4000㎡と比べて、いかに広いか分かるでしょう。石油王は、国が小さいほうが密度が濃くなって、贅沢三昧も濃くなる傾向があるのかもしれませんね。

オイルメジャーの石油王

大富豪の代表格として名前が挙がるジョン・ロックフェラーやジャン・ゲティ。彼らのようなオイルメジャーの石油王たちは、意外とドケチだったりします。

ジャン・ゲティは、誘拐された孫の身代金をケチって社会的非難を浴びました。最初は遊ぶ金欲しさの狂言誘拐だと思って無視していたそうです。すると切り取った耳が送られてきて大ニュースになってしまい、しかたなく身代金を支払うことにしたとか。それでも、マフィア相手に身代金を値切ったりして、三度値切ると言われる名古屋人も真っ青のドケチっぷりを見せています。

ジョン・ロックフェラーはホテルの一番安い部屋に泊まりました。息子のロックフェラー二世は贅沢に一番高い部屋に泊まっていたそうで、ホテルの支配人に「彼には大富豪の父親がいるが、ワシにはいないんだ」と語ったという逸話は有名です。

日本の石油王についても触れておきましょう。日本にも、小規模ながら油田が存在していたんですね。中野貫一は、年間生産量12万$k\ell$と日本一の産油量を誇った新津油田の支配者で、石油王という日本語で呼称された、初めての人物です。

まあ、クウェートのブルガン油田の1日の生産量が約28万$k\ell$と言われているので、日本の石油王の1年分が中東の石油王の半日分以下というショボさなんですけどね。

麻薬王

麻薬王が王たるゆえんは、単に大富豪だからではありません。政府とがっちり癒着して、犯罪行為をやりまくりなのに逮捕されない特権階級だからです。コロンビアやジャマイカ、ミャンマーを見るとよくわかります。

コロンビアの麻薬王パブロ・エスコバルは、最盛期には世界のコカイン市場の8割を支配し、年間最大250億ドルの売り上げを誇っていました。メデジン・カルテルを一代で築き上げた英雄にして、世界で7位の大富豪にまでなったのです。しかし、ロドリゲス・オレフエラ兄弟のカリ・カルテルとの抗争や、アメリカ政府の介入により抹殺。カリ・カルテルも幹部が逮捕され、コロンビアの二大麻薬組織は壊滅。現在では、小規模自営業みたいな麻薬組織が乱立する、無統制状態になっています。

ジャマイカの武器麻薬密売組織シャワーパシの首領クリストファー・コークも、アメリカに引き渡されて刑務所に入っています。大体、麻薬王は目立つとアメリカに目をつけられて逮捕されるか抹殺されるので、一代でのし上がって一代で潰れるパターンが多いんです。

芥子の栽培でトップシェアを誇っていた中東の黄金の三日月地帯は、皮肉にもタリバンが麻薬栽培者を次々と抹殺したおかげで、麻薬生産量が激減。しかし、タリバン政権崩壊後、再び増加して元に戻ってしまいました。もはや誰が悪の組織だかわからないことになっています。

次々と抹殺にあう麻薬王の中でも、犯罪者から合法的な実業家へと転身して生き残ったのが、東南アジアの黄金の三角地帯を支配していたモン・タイ軍の首領クン・サです。ミャンマー政府も手が出せないほどの軍閥を築き上げ、最終的には非合法ビジネスから合法ビジネスへと転換。ミャンマーとタイにまたがる大財閥の総帥となって、平和な晩年を迎えました。

世界をおびやかすさまざまな〝王〟

世界をおびやかすほどの力を持つ大富豪は、石油王や麻薬王だけではありません。たとえば穀物メジャーのカーギルを所有するマクミラン家。一国を餓死させたり、食文化を変えたりしてしまうほどの力を持つ穀物王も恐るべき存在です。

中国核工業集団を牛耳る原発王は、中国でも五指に入る大富豪。年収は1兆円を超えるとも言われています。原発利権は油田に匹敵するほど強大で、まさに膨大なエネルギーを産出する金脈の塊。だからこそ、放射能の危険があっても世界中で原発が作られているのです。

あとは、ソマリアの海賊王とか。拉致ってきた船舶と乗員の身代金で御殿を建てた海賊王が、ソマリアに実在しました。栄華は長く続かず、サウジアラビアの民兵組織に家を焼かれ、抹殺されてしまったんですけどね。手足が伸びたり体がゴムだったりはしなかったようで、普通に銃で撃ったら死んだそうです。

以上、いろいろな王を見てきましたが、共通して言えるのは「いつまでもあると思うな金と権力」です。情勢が変わればアッサリ破綻するから、王の座を守るなら転身の時期を見逃してはいけないということですね。

Ⅱ-2

武器商人になろう！

その商材のゆえか、フィクションに登場することが多い武器商人。しかし、平和な日本の市井（しせい）に生きているとなかなか実物にお目にかかることはありません。今回はそんな死の商人の実態を紹介していきましょう。

兵器版コミケへの参加が一番の近道

理系に厳しく研究費が出にくいこの国はともかく、アメリカなどの諸外国では軍事のためにお金が湯水のごとく使われます。「殺人兵器でがっぽり大儲け」を夢見て、軍産複合体に入りたがる人がいるほどです。

なおひとまとめに武器と言いますが、軍艦や戦闘機なんかを作る重厚長大産業ばかりではありません。もっと細かい兵器開発の範囲なら、意外と一般に門戸が開かれています。死の商人になるためには、武器商人の求人広告を探すより自分から売り込みに行くのが手っ取り早かったりするのです。

「売り込みに行けと言われても……」と思う方も多いでしょうから、具体的に解説しましょう。最もオススメなのが世界最大の死の商人の展示会とも言われるＩＤＥＸ

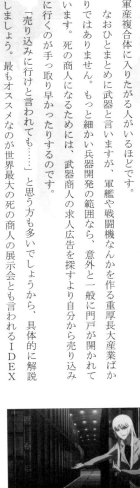

武器商人が主人公の『ヨルムンガンド』。

(International Defence Exhibition and Conference)への参加です。まあ、死の商人が集まるコミケみたいなものだと思ってください。

どこらへんが世界最大なのかというと、動く金額が世界最大。展示している商品はその場で購入契約できるのですが、２０１３年2月17日から21日にかけてバブリーなことで有名なドバイにあるアブダビ国立展示センターで開催されたときには59カ国から１１１２社が出展して、契約額は１４０億ＵＡＥディルハムでした。日本円に換算するとなんと約３６００億円です！　つまりＩＤＥＸは1日７００億円以上の金が動く一大イベントということ。大手サークル企業ともなれば1日で数十億円を売り上げます。なんとか潜り込んで展示ブースのひとつも確保できれば1億円以上の契約も夢ではありません。

「そんなこと言われたって売る兵器がねーよ！」という声が聞こえてきそうです。しかし心配はご無用、商品は後日納品すればよいので、手付金を貰ってから生産を始めても間に合います。遠慮なく大風呂敷を広げましょう。展示物はプラモデルでもハリボテでも構いません。実際に軍艦は模型しか展示されていなかったり、パワードスーツとか完全に実物大プラモデルでしかない物だったりします。こうなるとコミケにワンフェスも混ざったような感じと言うべきでしょうか。

ＩＤＥＸでガッポリ儲けるノウハウ大公開！

具体的にアマチュア発明家や零細企業が軍産複合体に参加する流れがどうなっているのか例を挙げるので、軍産複合体に入りたい人は参考にしてみてください。

1. もの凄い兵器を発明する

最初は売るための実物ではなく、見世物にするための商品アイディアが必要です。前述のとおり実際に生産販売するのは会社が大きくなってからでＯＫ。ここで重要なのは科学力よりもプレゼン力です。例えば、

- **一分間に百万発の弾が出る**
- **透明になれる**
- **どんな攻撃でも跳ね返すバリアーがはれる**

といった感じの、〝夢みたいだけど実現できそうな気もする〟という絶妙な加減の兵器を考えてください。

2. 宣伝する

一番簡単なのが、ホームページを起ち上げるのと、再生数の伸びそうな動画を動画

CNNでも取り上げられたリアル透明マント。

投稿サイトに投稿すること。本当にコミケと同じですが冗談ではありません。そこいらじゅうのブログとかに自分の兵器について書き込んで話題を作ります。毎日自分の動画を再生して再生数を稼ぎましょう。以前話題になったイギリスの透明マントなんかはまさにその典型です。

自分の考えた兵器の動画が１００万再生されたら、実際に作れるのかとか、本当に役に立つのかとか、重要な部分がどうでもよくなってきます。出資者の皆様が「動画１００万再生の兵器なら役に立ちそうな気がする」とゲーム脳に陥ってお金を出してくれるでしょう。

3. 大会に参加する／売り込む

アメリカには兵器発明家を募集しているDARPATechという大会があります。ここで上位に残れば、DARPATechから研究費をせしめることが可能。

知名度が上がってくるとあなたの会社の未公開株が欲しい人が群がってくるので、高く売りつけましょう。そのうちに株屋が上場の話を持ちかけてくるでしょうから、株式上場してさらに資金を集めまくります。

4. 食いつぶす

ここからが重要です。多額の資金が集まったら、資金をつぎ込んで研究開発に邁進！研究開発といっても怯えることはありません。具体的には、研究員に目立って役に立ちそうな物を作らせればＯＫです。研究費の主たる使い道は研究員の人件費になりま

兵器以外もさまざまな発明が集まるDARPATech。

す。理系に厳しいわが国では信じられませんが、アメリカなら研究員の年収が1億円オーバーでも株主に文句を言われることはありません。

もちろん自分自身が研究員になっても無問題ですから、社長兼主任研究員となってジャブジャブと自分の報酬に注ぎ込みましょう。

ここで「研究開発なんて自分じゃできない」という声も聞こえてきそうです。しかしこれもまったく問題ありません。資金が尽きたときには、潔くあきらめて会社を畳んでしまいましょう。実際、死の商人の中には、兵器などという恐ろしいものを作る気など最初からさらさらなく、資金を集めては会社を潰すということを繰り返している人が結構いたりします。それを生業とする人のことを〝死の商人〟と呼べるかどうかは微妙なラインですが……。

株を買わされた人たちが怒り狂って襲ってこないかって？　大丈夫です。賢い相場師は最初から倒産を見越して、高値のうちにさっさと売り払って利益確定して逃げていますから。損するのは無知な一般株主とか相場に食われてるカモだけなのは世界のお約束。

5．開発成功

もし仮に、何かよさそうな物ができそうになっちゃった場合はさらに研究費を要求したり、株とか社債を発行したりして市場から資金を集めましょう。そして研究費から高給を取りまくります。引き伸ばせるだけ引き伸ばして、資金を出してもらえる限りズルズルと何年でも開発を継続。そもそも軍需産業という業界は、開発を始めてから商品を売れるようになるまでに10年以上かかることが珍しくありません。

そして兵器が完成し、実戦配備されて活躍したら即座に会社をどっかの大企業に売却しましょう。いつまでも経営していると、殺人兵器を作った戦争犯罪者などと、反戦団体やら人権団体やらの抗議を受けて面倒なことになるので、そうなる前に逃げ出します。そしてまた1に戻って同じことを繰り返せばよいのです。

意外とお金持ちじゃないぞ死の商人

さてここまで死の商人になる方法を説明してきましたが、実際の懐事情はどうなのでしょうか？　衛星をバンバン打ち上げて、金にモノを言わせて量子コンピュータを開発して世界を制圧することなんてできるんでしょうか？　残念ながら現実はシビアです。そんなことが不可能なのは、身の回りを見れば明白。

当たり前ですが、武器の売買を行うのが死の商人です。戦争がなければ武器は売れません。世界的に見れば常にどこかで戦争は行われていますが、それはあらゆる人の身近にあるものではないのです。仮にあったとしても弾丸1発が数セントというピストルは、圧倒的にランニングコストがかかりません。

そう、穀物、石油、医薬品、そして通信インフラなどといったマーケットに比べ、武器商人のマーケットエリアは明らかに小さいのです。物騒なものを扱っているからイメージが先行していますが「兵器会社が世界経済を左右している」だなんてとんでもない。歴史をひもといてみても、軍需産業が売り上げや利益で世界20位以内に入ったことは過去一度もありません。軍需だけで見ればロッキードマーティン社が56位に入ったのが最高で、軍民複合企業をあわせてもボーイング社の29位が最高だったりします。

軍産複合体は世界経済を左右するほどの大げさな企業ではないのです。むしろ冷戦終結後は売り上げ減少が止まらず、現在では全盛期の6割弱にまで減ってしまいました。軍需産業を副業でやっていた大手自動車メーカーがあっさりと売却したり、死の商人にそれほど魅力を感じていない大企業が多いのも事実です。

軍産複合体の中には民需比率の高い企業も多く、例えばボーイング社は世界第2位の死の商人。しかし売り上げの半分はご存じの通りジャンボジェット機などの民需で稼いでおり、ボーイング社は戦闘機より旅客機というイメージで合っています。

クラスター爆弾、ナパーム弾、地雷と人権団体の標的にされるような兵器ばっかり作ったあげくに、有害産業廃棄物排出全米ナンバーワンの座を獲得して環境団体まで敵に回しているハネウェル社でさえ、売り上げに対する軍需比率は13・9％に過ぎません。

そもそも民間需要は基本的に期待できない軍需産業。メインの収入源はお客の国の税金です。となるとその性質上、国家予算の数％を超える売り上げは絶対に出ないわ

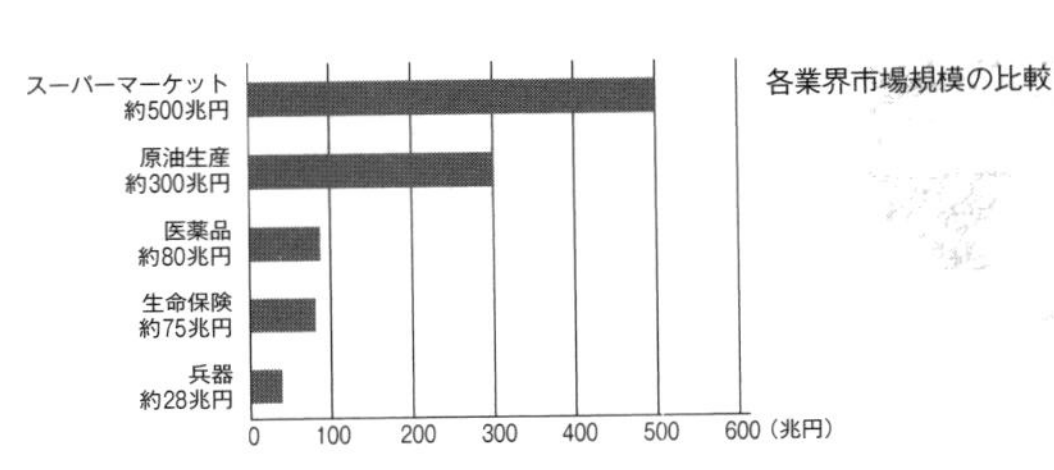

各業界市場規模の比較

けですね。はじめから上限が決まっているのです。

それを超えるために海外輸出を頑張ったりしますが、それでも限界は見えているし、外国にも同業の軍需産業があるので結局は同じパイの奪い合いになってしまい、売り上げはなかなか伸びません。「悲しいけどこれ戦争ビジネスの現実なのよね」といったところでしょうか。どこの業界も世知辛いのです（笑）。

Ⅱ-3

臓器売買の現実

マンガなどでは、借金取りが「内臓売ってこい」などと恫喝するシーンがよく出てきますよね。実際のところ、臓器を売って大金を作ることってできるのでしょうか？

臓器売買の現状について、まとめてみましょう。

臓器移植の需給事情

まず、売買が成立するほどに移植技術が確立している臓器は、心臓、肺、肝臓、腎臓、角膜など。ただし、臓器を取り出してから保存しておける時間はきわめて短いのが現状です。摘出後、移植して血の流れが再開するまでの許容時間は心臓4時間、肺8時間、肝臓12時間、腎臓24時間、角膜48時間となります。この時間が短いほど成功率が高まるので、在庫を抱えておくことができない、まさにナマモノというわけ。

このため、移植を受ける買い手が見つかって金をもらってからでなければ、提供者から取り出すことはできません。先に殺しておいて、取り出した臓器を保存しておく（または死体そのものを保管しておく）冷蔵庫といったものは、あくまでもフィクションの存在なのです。

借金を返すあてがなくなった男に対し、萬田銀次郎は「腎臓を売れ」と言い放つ。（『ミナミの帝王』第33巻より）

さて、前述の臓器のなかで圧倒的に需要が多いのは、2つあるから片方なくなっても平気な腎臓と角膜です。

生活習慣病などの原因よって腎臓の機能に問題を抱えている人は、世界的に増加しています。日本でも、人工透析の患者が毎年約1万人ずつ増え続け（2015年時点で31万人超）、腎臓移植を待つ登録者は12000人以上にもなります。ですが、移植を受けられるのは年間1500～1600人ほど。希望してから順番が回ってくるまでの平均待ち時間は15年以上となっています。完全に供給不足であり、大半の患者は人工透析で延命しているのが現状です。

角膜のほうはというと、2116人の希望者に対して1419件以上の供給があり、平均待ち時間は4カ月ほど。比較的、需要に供給が追いついていると言えそうです。

……というわけで、臓器売買の需要は腎臓が大半を占めています。潜在的な顧客は日本だけでも数万人、世界的には数百万人も存在するのです。

では、供給側はどうでしょうか。腎臓の場合、健康上特に問題がなければ、誰でも提供者になりえます。近年では、タクロリムスなどの免疫抑制剤や術前処理の進歩により、血液型や免疫型の適合によるトラブルは気にならなくなってきました（その結果、腎臓移植を受けた人の5年後生存率は90％を超えるほどに向上しています）

厚生労働省統計による移植希望登録者数

臓器	人数	臓器	人数
心臓	338名	膵臓	44名
肺	233名	膵腎同時	150名
心肺同時	3名	小腸	4名
肝臓	388名	肝小腸同時	1名
腎臓	12,373名	角膜	2,116名
肝腎同時	15名		

（平成26年９月30日現在）

腎臓のお値段

アメリカ、イスラエル、イラン、韓国などでは、臓器提供に対して合法報酬が支払われる制度があります。とはいえ数十万円程度で、儲かるというほど高いわけではありません。いっぽう、日本の相場は高く、腎臓1個が数百万円で売れると言われています。実際に2010年に起きた生体腎移植臓器売買仲介事件では、暴力団に800万円を払っていました。また、2006年の宇和島臓器売買事件では300万円の報酬を約束しています（ただし未払い）。

日本での臓器売買は、需要の大きさに比べて不活発です。その理由は簡単で、99%逮捕されるから。2010年の事件のように、暴力団が移植コーディネーターになって、組織ぐるみでやっても発覚しているぐらいなのです。臓器移植には医師、技師、看護士など最低でも8人は必要となるため、秘密を守ることが困難。その上刑罰が重いとなれば、採算は取れません。臓器売買なんて面倒なシノギに手を出すくらいなら、まだ覚醒剤を売るほうが安全に儲かるのです。

そんなわけで、残念ながら日本国内では臓器売買が商売として成立していません。では、海外のブラックマーケットでの相場はどうなのでしょうか？　ざっとまとめてみましょう。

●中国

中国では、臓器ブローカーが儲けようとして、臓器の買値はかなり安く抑えられている。提供者は、収容所の囚人や宗教団体の信者なんて噂もあるが、実際は街頭勧誘が主流。「人の役に立てて、お金ももらえて、健康に害もないし良いことづくめだよ」などとささやいて、騙して連れてきたりするそうだ。実際に、17歳の少年がiPhoneのために腎臓を約27万円で売ったという事件があった。当局が動いたものの、誰も逮捕されず、少年は腎臓を安売りしただけの結果に終わっている。

腎臓1個を詐欺同然の手口で数十万円で買い叩き、移植希望者に数百万円で売りつけるわけだから、臓器ブローカーは儲かって笑いが止まらないだろう。横行しているのも当然だ。

●モルドバ

モルドバは欧州最貧国で、「欧州の臓器保管庫」とも呼ばれている。腎臓1個で提供者がもらえるのは25～35万円（ちなみに、モルドバの貧困層の年収は12万円程度）。比較的行き来が自由で、臓器売買を行いやすい環境が整っているため、臓器ブローカーが先進国から患者を集めて活動しているようだ。

●インド

インドでも臓器売買はもちろん違法だが、そんなことはお構いなし。臓器売買を行っている医師が、腎臓を売った人たち３０５人を6年間にわたって追跡調査した論文

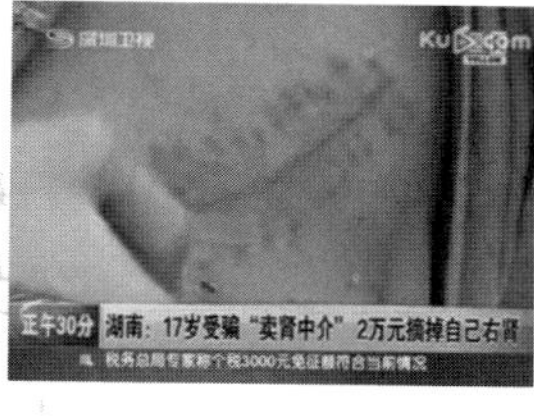

腎臓を売ってしまった少年の事件は、中国でもニュースとして報道された。

を発表するなど、やりたい放題だ。
その論文によると、腎臓の売値は平均10万7千円。得たお金の使いみちとしては、60％が借金の返済、22％が食料や衣服、5％が結婚費用、13％がその他。インドでは借金取りが腎臓を売らせるのは普通のことのようだ。そして、88％の提供者がなんらかの身体の不調を訴えているとか……。

世界的に見ると、腎臓の売値は年収の2～3倍ぐらいが相場です。そして結局のところ、貧困者は臓器を売ってもさらに貧しくなるだけ。臓器を売ったお金では幸せになれません。

ところで、欧米では臓器売買ではなく「臓器寄付」というケースもあります。たとえば、ニューヨークの企業で、上司が「俺が死んだら会社は潰れるぞ、オマエも無職になるぞ」と脅迫まがいのことをして、部下に臓器を寄付させたのち解雇。これが訴えられて問題になりました。

日本の場合は倫理規定が厳しいので、臓器の寄付は難しいでしょう。ただ、養子縁組して義理の親子になればＯＫという抜け道があります。芸能人が腎不全になったら、ファンは名乗りでて、義理の親子になるチャンスかも？　いまのところ、国内では実例がなさそうですが……。

腎臓の移植手順

さてここで、臓器売買が成立した後に行われる、腎臓移植手術の手順を見ておきましょう。最新の技術では、腹腔鏡の穴数箇所と４㎝程度の切り口で腎臓を簡単に取り出せるようになりました。この方法なら提供者へのダメージも小さく、翌日には普通に動けるほどです。というわけで、先進国の臓器提供では、腹腔鏡手術が一般的。

ただし、臓器売買においては手間を惜しむというか、腹腔鏡手術なんて高度なことはできない怪しい医者がやっていたりするので、昔ながらのわき腹を20～30㎝も大きく切り裂く方法が多いようです。

移植にあたっては、料理と同じで十分な下ごしらえが重要。たとえば、血液型が違うとなかで血が固まったりして、せっかくの臓器が壊れてしまいます。

1. 抗血液型抗体の除去

人工透析と同じ方法で、移植する腎臓から血液をすべて除去。こうして完全に血を抜いてしまえば、血液型が不適合な臓器でも移植が可能になる。さらに、免疫の型（ＨＬＡ）が一致しない場合は、放射線を照射して免疫細胞を抹殺。ただ、この下ごしらえには数千万円の機材が必要になるので、大きな病院でなければ無理だろう。

腎臓の摘出方法

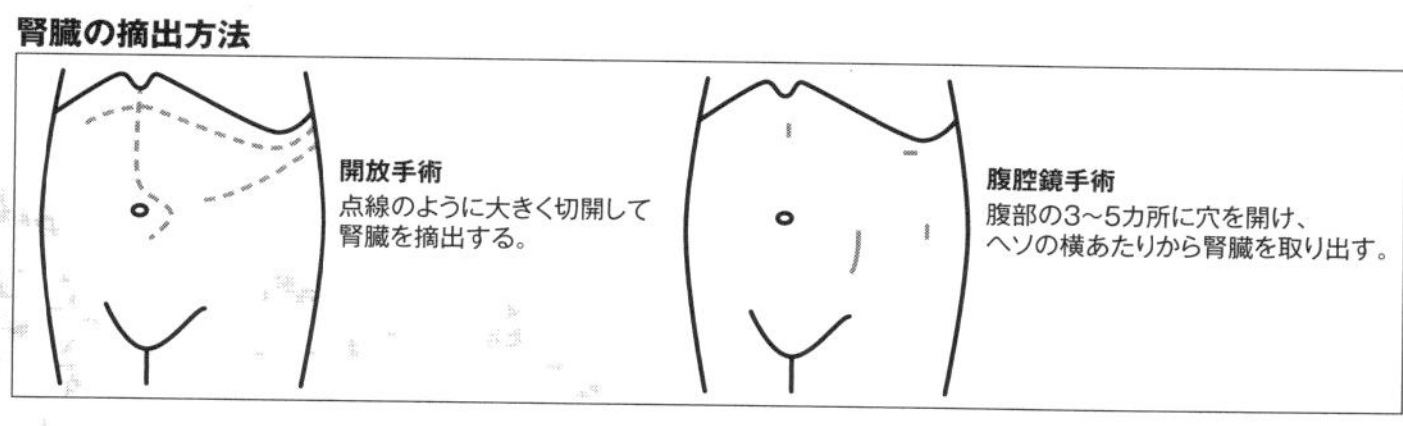

開放手術
点線のように大きく切開して
腎臓を摘出する。
腹腔鏡手術
腹部の3～5カ所に穴を開け、
ヘソの横あたりから腎臓を取り出す。

2. 脾臓の摘出

手術の前に、移植される人間の脾臓（ひぞう）を取り出しておく。胃の裏側にある臓器で、なくなってもそれほど害はない。ただ、抗体を産生する役目があるので、脾臓を取ることで拒絶反応を抑制するのだ。

3. 腎臓を取り付け

元からある壊れた腎臓はそのままにしておき、少し下に新しい腎臓を取り付ける。太い管を3カ所（動脈、静脈、尿管）つなぐだけでよいため、臓器移植のなかでは比較的簡単と言われている。

4. 免疫抑制剤の投与

タクロリムスなど強力な免疫抑制剤を投与して、新しい臓器に対する拒絶反応が起きないようにする。うまく安定すれば、透析などの手間のかかる処置がいらない、健康な体に戻れる。

医療水準が高いのは中国

腎臓移植を求めて海外の後進国へ行く「臓器売買ツーリズム」なんてものも存在しますが、医者ならどこでも同じなんて思っていると大変なことになります。臓器移植は大変に難しく、医療水準の低い国で受けると、予後が悪くなることも珍しくありません。できることなら、日本などの先進国で受けたほうがよいわけです。が、先進国

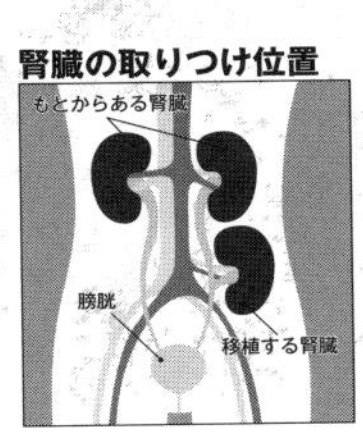

タクロリムスの化学式

では臓器の入手が困難……。

となると次善の選択は、やはり中国でしょうか？　ただ中国では、昔の日本みたいに医者への付届けをしないと手抜きされます。くれぐれもお忘れなく。

禁断のサプリ「人肉カプセル」

漢方には「肝臓が悪いときはレバーを食べればよい」など、悪い場所と同じ部分を摂取すると症状が改善されるという思想がある。「究極の食べ物は人肉だ」とする説もあって、食用としての臓器売買市場も存在しているほどだ。その理屈から生まれたのが「人肉カプセル」で、これは死んだ赤ん坊を乾燥粉末にしたもの。

韓国関税庁の統計によると、韓国では3年間で6万錠以上が押収されており（末端価格1錠3000円とすると、1.8億円程度）、流通量はその10倍とも言われる。ちなみに、韓国の覚醒剤市場が1200億円なので、非合法商売としては小額の部類だ。

人肉カプセルは中国で作られているとされているので、筆者が知り合いの中国人医師に問い合わせてみたところ、「人肉食をやってるのは朝鮮人だけ。製造元は中国にある朝鮮人自治区であり、中華民族はやらない」と怒られた。

人間がヒトの死体に触れた場合、細菌やウイルスに感染する可能性が非常に高い。医者が変死体を解剖する際には、肌の露出を極力避けて、直接触れないようにするのが常識だ。死体を食べるのは、病気になりにいくようなものなので、決しておすすめできない。

韓国で問題になっている人肉カプセル。画像は2014年８月に報道されたもの。

Ⅱ-4

偽札作りのエトセトラ

みんな大好き『ルパン三世』ですが、一番の名作ってなんでしょうかね？　やっぱり『カリオストロの城』じゃないでしょうか？　では『カリオストロの城』の敵役として登場する伯爵ってどういった人物でしたっけ？　「もちろんクラリスを狙うロリコン野郎！」ってそりゃまぁそうですが、むしろもっと巨悪を行っていましたよね。そうゴート札なる偽札の製造を……。

ということで、偽札について話しましょう。

インターポールが関わったアレレな偽札事件

皆さんは「スーパーノート」って言葉に聞き覚えがありませんか？　今から25年ほど前に出回りはじめた偽100ドル紙幣です。日本でも「北朝鮮が製造しているスーパーノートが……」とニュース番組などで取り上げられていたので、記憶がある人もいるでしょう。

64ページで述べたように、インターポール自体には捜査権はありません。そこでスーパーノートについてインターポールは2004年、オレンジ勧告書（公共の安全に

世界の主要通貨を偽造するカリオストロ公国（『ルパン三世　カリオストロの城』より）。

対する脅威を警告する勧告書）を出しました。これを受けて加盟名国の警察が捜査を開始。時を経て2006年、インターポール総会の場で世界中の警察が行った捜査の成果を持ち寄ってまとめることになります。で、その結果がまぁ大変！　スイスをはじめヨーロッパ諸国から「いや、それCIAの仕業なんぢゃね？」とツッコミが入りまくりました。そう、当のアメリカがスーパーノートの製造元であるという疑いが濃厚になってしまったのです。『カリオストロの城』でも各国代表が当てこすり合うシーンが描かれていましたが、そんな感じでしょうか。

何でもCIAは「予算がないなら偽札作ればいいじゃない？」と、実にマリー・アントワネットな考えでスーパーノートに手を出したんだとか。なんというコペルニクス的転回。CIAは天才ですね！　……ってそれ犯罪だから！

で、総会の結論は「犯人はCIAでした」とはならず、アメリカの偽札事件を担当したシークレットサービスが「犯人は北朝鮮！　間違いない！」と強硬に主張し、最終的な結論は出ませんでした。

この結果は広く一般に公開されたのですが、これにブチ切れた人物がいます。ドイツ人記者のクラウス・W・ベンダー氏その人です。彼は2007年1月、ドイツの新聞・フランクフルター・アルゲマイネ・ツァイトゥング誌に「スーパーノート　偽ドル札の秘密」という記事を書きました。この記事ではスーパーノートを北朝鮮が作ったというのがいかにナンセンスで、アメリカの関与がいかに疑わしいかを詳細に紹介しています。フランクフルター・アルゲマイネ・ツァイトゥング誌のWeb版にはこの記事が残っていますし、日本語に翻訳したサイトやこの件に触れた書籍も出版されているので、興味を持った人は確認してみてください。まぁ一方で「クラウス・W・ベンダー氏の主張はトンデモだ！」とする見方もあるので、信じるか信じないかはあなた次第ですけどね。

その真偽はさておき、北朝鮮から大量の偽ドル札が出てくること自体は事実。これは、みんなして北朝鮮への支払いに偽札を使うからだったりします。貧しい北朝鮮の人間は、偽札と本物の見分けがつけられません。つまり取引相手からいいカモにされて偽札を掴まされまくっているのです。

重い罰が科せられる偽札づくりという犯罪

さてここまでは偽札についてのエピソードを紹介してきました。以下では「そもそも偽札って何?」という話をしていきましょう。

偽札づくりは刑法148条1項で「行使の目的で、通用する貨幣、紙幣又は銀行券を偽造し、又は変造した者は、無期又は3年以上の懲役に処する」と定められており、その偽札を使う者も同じだけの刑が科されます。偽金づくりおよびその行使は国家の威信を傷つける行為であり、金額の多寡にかかわらずかなり重い罪が科されるのです。

また偽造とされるのは本物のお金そのものだけでなく、似ているものもNG。遠目

„Supernotes"

Das Geheimnis der gefälschten Dollarnoten

08.01.2007 · Seit fast 20 Jahren kursieren perfekt nachgemachte Dollarscheine. Keiner kennt die Quelle. Washington glaubt die Täter zu kennen: das kommunistische, diktatorische Nordkorea, Erzfeind der Vereinigten Staaten. Doch der Verdacht fällt auf die Amerikaner zurück.

Von KLAUS W. BENDER

Artikel Bilder (2)

Für die internationale Polizeibehörde Interpol hat der Fall höchste Priorität. Seit fast 20 Jahren kursieren massenhaft gefälschte 100-Dollar-Noten in höchster Qualität, und so lange schon wird die Quelle gesucht, aber nicht gefunden.

Kaum vom Orginal zu unterscheiden · Die

アメリカの関与を指摘するベンダー氏の記事。

で紙幣に見えるようだったら罰せられてしまいます。オモチャのお金の多くが露骨に小さなサイズになっているのは、このリスクを避けるためです。

とはいえこれも程度問題。２０１３年11月、大阪の高校生が「百万円札 メモ帳」というジョークグッズをカラーコピーして貼り合わせ、タバコ屋の老店主相手に両替して逮捕されました。かなりアウトな所業ですが、一万円札にあまりに似ていなかったため、ギリギリセーフで偽札の罪には問われなかったそうです。ちなみにこの高校生らは詐欺罪で逮捕されました。

また、江戸時代の日本の通貨である小判ですが、これはあくまで過去の通貨。こちらも偽造自体は罪に問われません。当然ながら、それを「本物の小判」として売ったりすれば詐欺罪です。

面白いのが偽札束。一万円札２枚でただの紙の束を挟んで札束に見せた場合は合法というのが定説です。これは警察が身代金の偽物としてダミー札束を作った際、通貨偽造になっては困るという事情もあるようですが。ですから家に偽札束を置いてお金持ちのふりをするのはＯＫ！「そんなことする意味あるの？」ですって？　そんなもん筆者は知りません（笑）。

自国の威信にかけて重罪を科す通貨偽造ですが、「では外国通貨ならいいの？」なんてことになるわけがありません。刑法１４９条にちゃんと「外国通貨偽造及び行使等」という規定が設けられており、２年以上の懲役が科される立派な犯罪です。

見た目は似ている100万円札メモ帳。

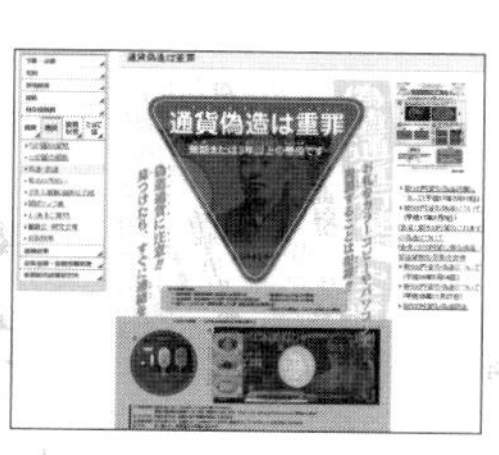

財務省Webサイトでも大きく警告されている。

さて、そんな外国通貨偽造について知っておきたい豆知識を。「仕事を選ばないキティさん」でお馴染みのハローキティには、非常に多くのキャラグッズが存在します。そんな中に金貨があるのをご存知ですか？　２０１４年の３月、ハローキティ誕生40周年を記念して発売されたこの商品は約20万円となかなかの値段です。熱心なキティラーが「か〜わ〜い〜い〜！　でもた〜か〜い〜!!　真似して作っちゃお〜♪」なんてことすると、先ほど紹介した外国通貨偽造で逮捕される可能性大。なぜならこの金貨、英国王立造幣局で鋳造されたクックアイランドの法定通貨なのですから。

実はこのキティ金貨の鋳造は今回が初めてではなく、２００４年のキティ誕生30周年、２００９年のキティ誕生35周年のときにも行われていました。しかしこのとき、実は日本はクックアイランドを国家として承認しておらず、したがってこれを偽造する行為が国内法で罪に問えるのか否かはグレーゾーンだったのです。しかし２０１１年、日本政府はクックアイランドを国家として承認。つまり40周年金貨を偽造する行為については明確に犯罪にあたります。

ちなみにクックアイランドは、ハローキティだけでなく「松本零士 画業60周年」を記念した銀河鉄道９９９金貨も発行しています。他の国もこうした事業に参入してくる可能性はありますね。そう遠くない未来、キャラクター金貨偽造で逮捕……というニュースを聞く日が来るかもしれません。資金難の北朝鮮もこれに目をつけてＡＫＢ48金貨とか勝手に作りはじめるかも？　しかし実はそれがＣＩＡの仕業……っていう

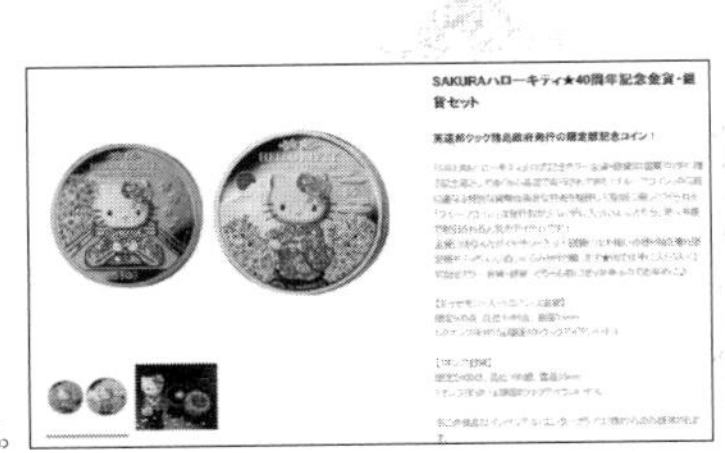

正式な外国通貨たるキティさん金貨。

のはさすがにありえませんかね。
余談ですが、クックアイランドで普通に流通しているのはニュージーランドドル。この記念硬貨で買い物をしようと思っても使えないらしいですよ。

実は兄弟　ユーロとジンバブエドル

紙幣というものは印刷技術の粋を集めた最高レベルの印刷物なので、技術の低い後進国では紙幣を自分で印刷できないことが珍しくない。ゆえに本文で触れたクックアイランドの法定通貨たるハローキティ金貨は英国王立造幣局で作られているのだ（ニュージーランドなんかもそう）。

世界一大きな額面で世界一価値が低いジンバブエドルを印刷しているのはドイツの印刷会社。実はこの会社、ユーロ紙幣を印刷するのが本業だ。つまりユーロとジンバブエドルは同じ会社の同じ工場で作られた兄弟だったりする。

ジンバブエドルは価値が無いわりに、意外としっかりした紙で良く出来ているのはそういう理由なのだ。製造コストのほうが紙幣価値より高いというのは気にしてはいけません（笑）。

100兆ジンバブエドル。

Ⅱ-5

兵器の値段と購入方法

アメリカのように合法的に銃が購入できる国では、けっこうな重火器まで個人所有が可能。YouTubeなどで検索すれば、自慢の兵器を撮影した動画が大量にアップされています。そうでない国においては、もっぱらブラックマーケットと呼ばれる兵器市場を頼ることになるでしょう。ちなみに、武器麻薬密売組織なんて言葉でひとくくりにされるように、麻薬組織と武器密売組織は同じ組織であることが多いです。

兵器の値段は時価と言ってもよく、その武器のレア度やコネや地域差などが大きく出ます。たぶん、銃の値段が世界一高いブラックマーケットは日本。拳銃1丁が50万～100万円となるそうです。アメリカだと5～6万円で買えるのに……。

ブラックマーケットの仕組み

メキシコでは銃の所持そのものは合法。ですが、犯罪組織の手に渡らないように、審査や登録が厳しく、正規ルートでは入手困難となっています。それなのに、犯罪組織から押収された違法な銃は305424丁。さらに、麻薬組織などが所有している銃は100万丁を超えると言われています。つまり、ブラックマーケットでそれだけの数が流通しているということなのです。

軍隊からの横流しも横行していて、帳簿上は存在しているはずの兵器が実は行方不明で、ブラックマーケットで売られていることもしばしば。酷い場合には兵士が武器を持って軍を脱走し、そのまま麻薬組織に再就職なんて事態も起きています。

アメリカからの密輸も多く、ストロー購入と呼ばれる手法が使われています。まず、アメリカ人が合法的に銃を購入します。それをメキシコ人に渡し、船や飛行機などによる密輸でメキシコ国内へ持ち込みます。アメリカの法律は、個人が購入した銃を善意の第三者へ転売することを禁止していません。そのため、買子とでも言うべき、犯罪組織の手先になっている銃の転売屋が大量にいます。一人で何十丁もの銃を買っても怪しまれないアメリカならではです。

EUの場合は、武器の購入が簡単な国と規制が厳しい国が同居しているため、規制のゆるい国が実質的にブラックマーケット化。たとえば、ルーマニアは革命のドサクサで大量の軍用自動小銃が行方不明になったままですが、彼の国のブラックマーケットではAK-47が大量に出回っています。これが深刻なテロ問題になっているのです。

ソビエト崩壊後のロシアでも、大量の兵器が行方不明になって問題になりました。なんと、核弾頭の紛失まで発覚して大騒ぎ。しかしよく調べてみたら、製造したことにして予算を不正流用していたという真実が明らかに。ハナから核弾頭なんて存在してなかったというオチがついています。

国が関わるブラックマーケット

ＢＡＥシステムズやタレス・グループといった正規の「死の商人」たちは、正規軍もしくは政府機関の保障がある大手民間軍事会社などにしか販売しない……はずですが、世の中はそんなに単純じゃありません。代理戦争を戦わされる反政府組織などに、大量の武器を販売することもあるのです。

冷戦時代には、ベトナム戦争をはじめ、多くの戦場で国家ぐるみのブラックマーケットが暗躍。ＣＩＡが武器密輸のために作ったエア・アメリカなど、いくつものダミー企業が存在しています。代理戦争に投入された銃火器は、戦後に町の金物屋や露天商などで売られたりします。

また、パキスタンやリビアなどの国は、北朝鮮から兵器を購入している疑惑があります。本来であれば、国同士の正規の取引になるはずのものが、国際情勢の都合で闇取引になっているのです。中東では4回におよぶ中東戦争で大量の兵器が持ち込まれたため、一般庶民にいたるまで自動小銃を所持するほどに。それがシリアやリビアなどの内乱の原因になっています。

ＤＩＹから死の商人に

古くなった兵器はスクラップ扱いで民間に払い下げられることも多く、戦車や戦闘機など、個人では買えなさそうなものも買えてしまいます。なかには、数百万円単位の格安で買える物件も……。まあ、輸送費や整備費が高くつくんですけどね。それでも個人で戦車を所有している、ミリオタを極めたような人は世界中にたくさんいます。

T-34とかT-55みたいに、作りすぎて世界中にばら撒かれた戦車は、中古品が山のように出回っており、現在でも稼動するものも少なくありません。そうした兵器をレストアしてしまう町工場の技術者たちは、死のＤＩＹ職人です。中東戦争では、イスラエル軍による魔改造兵器が大量に存在しています。

イスラエルの兵器メーカーＩＭＩは、もともとはユダヤの武器密造組織でした。大学の先生が陣頭指揮を執り、農学校で肥料から爆薬を製造するなどして開発されたＤＩＹ兵器ダヴィドカ迫撃砲なんてものがあります。かなり活躍したようで、現在では記念碑的なものになっています。

ブラックマーケットからの兵器調達で第一次中東戦争に勝ってしまったイスラエル。勝てば官軍とはよく言ったもので、お客様が勝てばブラックマーケットは違法商売ではなく正規の取引だったことに。そうして武器密造組織から国家公認の死の商人に格上げになり、現在では世界有数の兵器メーカーになっているというわけです。

Givati Museumに展示されているDIY兵器
ダヴィドカ迫撃砲(Wikipediaより)。

Ⅱ-6

麻薬ビジネスの実態

文・くられ

アンダーグラウンドマーケットといえば、武器の密売に売春。そして、そしてそうしたもの以上に多くの人が思いつくのが「麻薬」です。麻薬の取引は世界のブラックマーケットの中でも圧倒的で、国連の発表によるとヘロイン（アヘン含む）、コカインの取引額はいずれも数百億ドル市場であり、違法薬物すべてを合わせると2～3千億ドルとされています。

取引自体が違法でありながら、世界中で需要のある「麻薬」。それをビジネスにするのはマフィアなどの犯罪組織の定石……というイメージはもはや過去の話。今となっては麻薬ビジネスで巨万の富を手に入れるのは極めて難しく、わりに合わない商売であることはあまり知られていません。そうしたブラックマーケットの苦労事情をのぞき見してみましょう。

麻薬というビジネス

麻薬のビジネスモデルは、生産、卸、小売りからなります。普通のビジネスと変わりませんが、最大の違いは「全部違法」であることに尽きます。公のマーケットでは

麻薬の国際的な市場の規模（2003年）

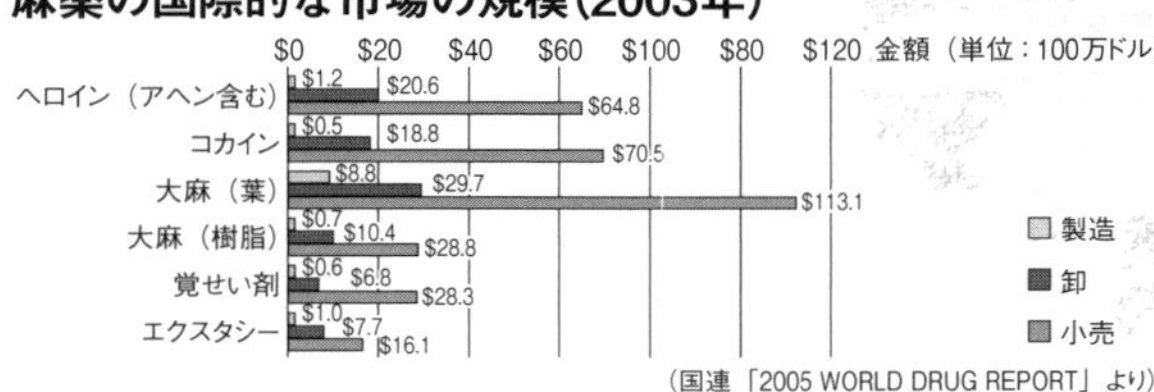

（国連「2005 WORLD DRUG REPORT」より）

ないので、調査されているデータもけっこうまちまちなのですが、国連が数年おきにまとめている調査報告書によると、およそ世界の人口のうち15歳から64歳の年齢層の人々の約5％が過去12カ月に1回は薬物を使用しているとされています。つまりざっくり見積もって、麻薬の顧客は世界で約2億人。もちろんそれらはライトな利用層から中毒層まで幅広く、麻薬に費やすお金の量もマチマチです。

そこでマフィアとしては、なりふり構わず金を麻薬につぎ込んでくれる上客をいかに囲い込むかが主眼となります。中毒者の多いエリアは収益も多いのでマフィアの間では激戦区になり、その縄張り争いがまた治安の悪さを生むという悪循環……。映画やドラマなどでも知られているとおりです。

実際のところ、合法的な商売に比べてハイリスクハイリターン……とはならず、ハイリスクローリターン。麻薬ビジネスの儲けはかなり低いのが実情です。アメリカの末端売人の年収は、日本円で150万円以下。しかも、大半が中毒者でもあるので、儲けの大半を自分用の薬物に費やしてしまう……。まさに「貧しい」職業と言えるでしょう。

麻薬ビジネスの流れ

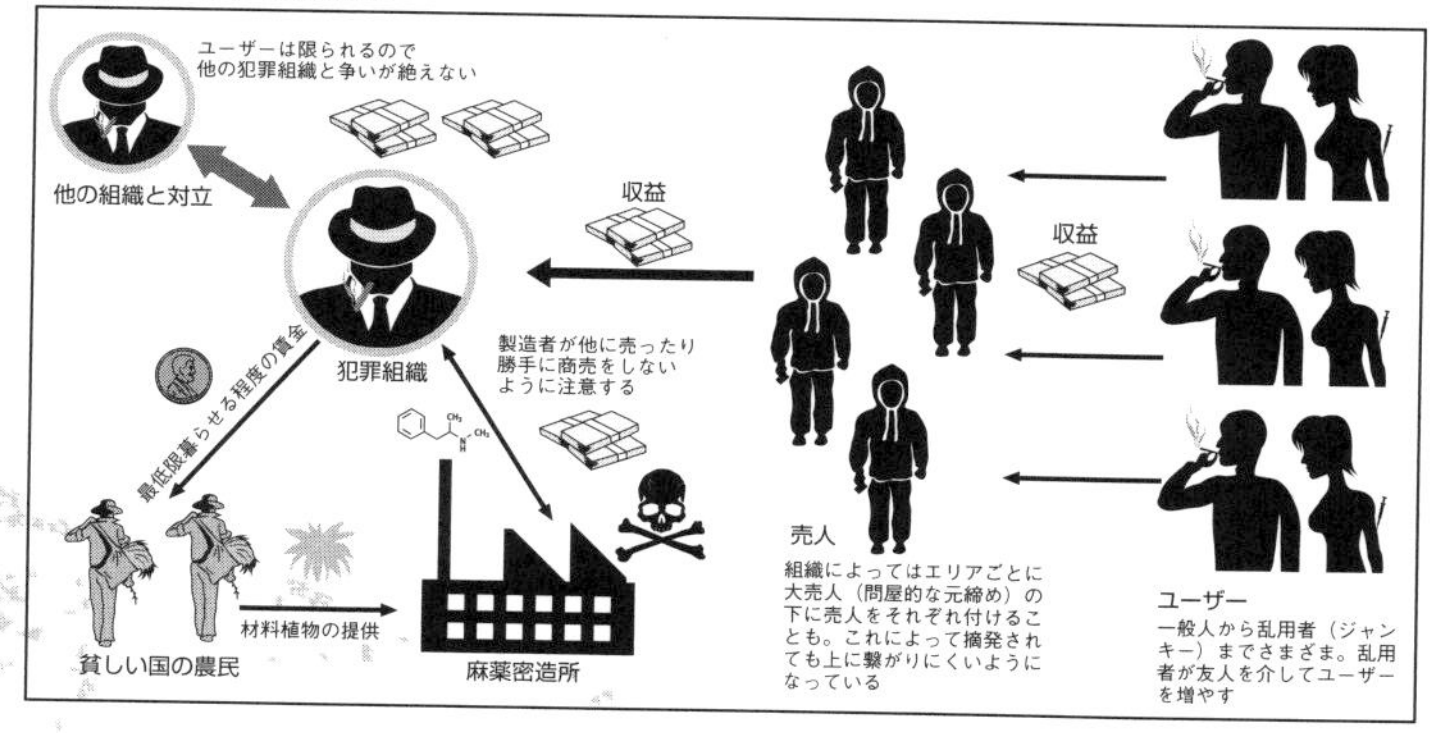
ユーザーは限られるので
他の犯罪組織と争いが絶えない
他の組織と対立
収益
犯罪組織
最低限暮らせる程度の賃金
製造者が他に売ったり
勝手に商売をしない
ように注意する
貧しい国の農民
材料植物の提供
麻薬密造所
収益
売人
組織によってはエリアごとに
大売人（問屋的な元締め）の
下に売人をそれぞれ付けるこ
とも。これによって摘発され
ても上に繋がりにくいように
なっている
ユーザー
一般人から乱用者（ジャン
キー）までさまざま。乱用
者が友人を介してユーザー
を増やす

その末端売人たちを束ねる大売人は年収1000万円強。これも、とても命を毎日狙われるに見合う金額とは言えません。薬物や大金の移動中は、他の犯罪組織からすればカモもカモなわけで、常に身の回りに気を配る必要があります。組織を統括し、上納金を集める。そうやって苦労に苦労を重ねても、失敗すれば死より過酷な制裁が待っていることも……。

そんな大売人を束ねる大型組織の幹部ともなれば、何億という金を手にできます。が、その椅子を狙うのは敵対組織だけではありません。身内さえも常に敵となりえる世界。持てる知能と命と人生、すべてをかけても数億円程度の年収だと考えると、やはり釣り合わない商売なのです。

結局のところ、麻薬というビジネスは、貧しさが生み出したものでしかないのです。違法ビジネスだけに、急に収入を増やすことはできるかもしれません。が、頭打ちも早く、より利益を求めようとすると、リスクを背負うことになります。なにより不安定であり、とても「わりのよい仕事」とは言えない、名実ともにブラックな職場なのです。

麻薬の基礎知識

麻薬は「植物由来のもの」と「合成のもの」に大別できます。前者は大麻（植物それ自体が麻薬として流通する）、ヘロイン（アヘン＝芥子の実からの生産物）、コカイン（コカの木からとれる葉を煮出して成分を抽出、化学的に加工をしたもの）などがあります。

後者の代表格は覚醒剤。もちろん、麻黄からエフェドリンを抽出し、そこから合成することも可能です。ですが、世界的にはトルエンやベンズアルデヒドといった大規模に作られている安い工業薬品などから合成されており、合成麻薬として扱われることの方が多いのです。また、ＭＤＭＡやＬＳＤといったマニアックなドラッグも合成麻薬で、これらの大半は、大学の実験室程度の設備が必要となります。

実際問題としては、ブラックマーケットで流通する麻薬の大半は植物由来です。ゆえに、麻薬組織との戦いでは、芥子畑やコカ畑に殺草剤を撒いて元を絶つという攻撃も有効となります。それに対抗するべく、南米では、バイオテクノロジーを導入して殺草剤に強いコカの木の品種改良を行っているマフィアもいるようです。

麻薬はどれも危険なものですが、その中でも屈指の依存性をもたらす麻薬はヘロインです。需要としてもヘロインが圧倒的なのは、精神的にも肉体的にも極めて強力な依存性を持つからです。

一方、コカインは、なにかと一緒にドラッグを楽しむというプラスアルファがあってはじめて「楽しさ」が出てくる麻薬で、覚醒剤も同様です。また、幻覚剤などは、麻薬をカジュアルにいろいろ楽しむ若いユーザーが中心で、原価率も悪いため、犯罪組織的には収益になり得ません。

というわけで、過去50年近くを見てみると、麻薬の主流はヘロインとコカイン。その後を追うのが覚醒剤。これが麻薬ビジネスの流れとなっています（ちなみに、総合金額的には、大麻が頭抜けている。ただ、大麻については大半の国で野放しか合法化といった雰囲気で、他の麻薬とは明らかに違う扱いとなっている）。

麻薬のお値段

植物由来の麻薬であるコカインについて、生産農家から末端売人へと至るまでにどういった金額になっていくのかを紹介しましょう。

◉乾燥コカの葉

【1～3ドル／1kg】

まずは生産者です。生産者はマフィアの子飼いの農家だけではありません。現地の貧しい農民がサイドビジネスとしてコカの木を育てる場合もあります。さらに、政府から医薬用のコカの葉を生産するように指示されている農家が、マフィアに横流しするケースもあります。相場は、乾燥させたコカの葉の状態で1～3ドル／kg。儲けとなると、2～3カ月で数十ドル行けば御の字。麻薬の材料を作っても、決して裕福になれるわけではありません。

◉コカペースト

【５００〜１０００ドル／１kg】

集められた乾燥コカの葉をすりつぶして、そこからコカアルカロイドを多く含む簡単な抽出行程を行い、コカペーストを作ります。コカペースト１kgを作るのに、コカの葉は20〜30kg。処理に必要な薬品といった経費もかかります。とはいえ、コカペースト１kgあたりのコストは５００〜１０００ドル程度。まだまだ安いもので、このあたりの処理までは農家がサイドビジネスとして行っていたりします。

ちなみに、このコカペーストが粗悪なコカインとしてスラムなどに出回ることもあります。その場合、マフィアの仲介料がないので、１ヒット20ドル程度です。

◉塩酸コカイン

【約３０００ドル〜５０００ドル／１kg　※純度１００％】

次は、コカペーストから不純物を取り除き、白い結晶である塩酸コカインにします。コカペーストは、灯油や不純物を含んだ粗悪な石油エーテルなどで抽出されています。そこから有効成分だけを取り出すのは、それなりにしっかりしたプラントが必要。純度の高いエーテルや塩酸など、素人が扱うと危険な薬品を大量に使い、そこそこの技術が必要なため、多くの場合は完全にマフィアの管理下にあるようです。

◉国外に持ち出し

【約18000ドル／1kg　※純度100%】

麻薬としての商品ができあがっても、ユーザーに届かないかぎり収益にはなりません。ここから、「仲介人」という多くのマフィアの利権が絡み合う世界になります。また、国外に持ち出すという最大のリスクを帯びているため、相場は一気に跳ね上がります。生産国から国外に移動するだけで、価格が数倍になってしまうのです。

◉小売り

【数万～10万ドル／1kg（20～100ドル／1g）　※純度20～50%】

マフィアの麻薬部門のトップが、地域ごとを統括する大売人にコカインを渡し、その対価として前回の上がりを徴収。大売人は、さらに配下の売人たちに売りつけます。ただし、芋づる逮捕を避けるため、売人たちとは距離をおく場合も多いようです。相当な苦労を強いられる大売人ですが、手数料は5～10%。年収は稼げても10万ドル程度です。

小売りの売人は、カフェインやプロカイン、覚醒剤などを混ぜ込んで「上げ底」にします。これでコカインの濃度は40～50%程度に。これがいわゆる「上物」です。スラムの貧民なども買えるような粗悪品は、さらに不純なもので薄められており、1g

あたり20～30ドル程度で売買されます。

麻薬の市場規模

冒頭で紹介したとおり、違法薬物すべてを合わせた市場規模は2～3千億ドル。この金額を巨大とみるか小さいとみるかは人それぞれですが、携帯電話の市場規模は40兆ドルにもなります。武器商人の項でも触れていますが、麻薬や武器といった黒いビジネスは、実は世界を動かす力は持ち得ない市場規模であることは明白です。

過去には、パブロ・エスコバルが世界7位の大富豪にまでになった時代もありましたが、すぐに抹殺されています。また、一国の政治経済に影響を与えるほどの麻薬王になったクン・サは、麻薬王をやめて合法実業家に転身しました。現在の麻薬組織は小規模化し、競争相手が多くなりすぎているため、麻薬王と言えるほどの金持ちになるのは難しい状況です。

なによりも、非合法な収益なので、合法的なお金に換えるのが大変。マネーロンダリングの例として、観光地でのホテル収益に違法な収益を紛れ込ませて合法化するといった方法があります。が、これもしょせんは小さな地域の観光事業の収益の中に潜り込ませることができる範囲の金額です。

あるいは、ブラックマネーのまま、ブラックマーケットで取引をするか。この場合は、銃火器などの購入に使われます。

というわけで、麻薬を資金源にしている「世界的な犯罪組織」というのは現実的ではありません。実際のところ世界を動かすチカラなんてなく、せいぜい隣の組織と喧嘩をしている程度の経済圏の話であるということです。

悪の組織の章

悪のお金の章

悪の科学力の章

アメリカの規制物質法区分

アメリカには、日本の法律的な「麻薬」という定義はない。医薬用に価値があるなし、乱用の恐れのあるなしで、分量や濃度などの用途別で薬物を分類している。この区分は規制物質法で定義されており、スケジュールI～Vの5段階。その範疇から外れた用途のモノが非合法麻薬というわけだ。

感覚的には日本や諸外国とだいたい同じなのだが、柔軟性があり、麻薬とされているものでも、医薬用に価値があると判断された場合、濃度や分量で扱いを変えられる。たとえば日本では、覚醒剤（メタンフェタミン）はどんな微量でも所持が違法とされる。しかしアメリカでは、極低濃度であればスーパーで売られる市販薬にさえ配合されていたりする（もちろん、麻薬的な効き目を期待できる分量ではない）。

麻薬類の捜査は、基本的には地元警察やFBIが当たる。ただ、大規模かつ州を超えての捜査になる場合は、管理管轄は主にDEA（麻薬取締局）となる。ドラマなどでも「DEA」と書かれた制服を見ることがあるだろう。

規制物質法による分類	
スケジュールⅠ	MDMA、ヘロイン、LSD、ペヨーテ（植物体）等、医薬用として価値を見いだせないもの
スケジュールⅡ	アンフェタミン、メタンフェタミン、メチルフェニデート、モルヒネ、フェンサイクリジン（PCP）等、乱用の恐れのあるもの
スケジュールⅢ	一部の筋肉増強ステロイド、ケタミン、マリノール（大麻成分）、GHB（製剤ザイレム：成分単体としてはスケジュール1）等、作用が強く注意が必要なもの
スケジュールⅣ	多くのベンゾジアゼピン系睡眠薬、抱水クロラール、モダフィニール等の非アンフェタミン系興奮剤
スケジュールⅤ	薬局薬の中で強めの成分。分量を限定したエフェドリンやコデイン、アトロピンなどもスケジュールⅤに入る

Ⅱ-7

核武装にかかる人員とお値段

核兵器といえば、アメリカやソビエトみたいな超大国だけが持てるもの……そんなイメージは今は昔。現代では、パキスタンや北朝鮮が核武装しているように、貧しい国でも意外となんとかなったりします。

世界初の核兵器開発であるマンハッタン計画の総費用は18億８９６０万４０００ドル。現在の貨幣に換算して２３０億ドルという膨大な金額でした。北朝鮮のＧＤＰが２６２億ドルで、核開発予算が推定４０００億円（約35億ドル）と言われており、どうやっても捻出できないように見えます。が、２３０億ドルもかかったのは、文字通りなにもないゼロから開発を始めたからで、アメリカがマンハッタン計画の膨大な資料を公表している現在では、基礎研究の部分は市販の本を買えばなんとかなります。ぶっちゃけ、天才が３人に秀才の助手が３００人いれば核兵器を開発できる程度にまで、水準は下がっているのです。

技術は盗んで手に入れる

２００６年12月25日の産経新聞に、日本政府が「核兵器の国産可能性について」という資料を作成していたとする記事が掲載されました（本当に政府が作成した文書かどうかは怪しいですが）。その資料では、1～2年の期限で核兵器を国産化することは不可能であり、プルトニウム生産のための黒鉛減速炉の建設が必要で、小型原爆を試作するには最低でも2000億円～3000億円の予算と、技術者数百人に3～5年の期間が必要と結論づけています。

ということは、日本並の技術があれば、4000億円をつぎ込んでいる北朝鮮は5年程度で小型原爆の開発が可能なわけで、見事に的中していたと言えるでしょう。「北朝鮮にそんな高度な技術があるのか?」と思うかもしれませんが、ありえる話なんです。

まずひとつに、オランダのウレンコ社からウランを濃縮するために必要なガス遠心分離装置の技術を盗み出したパキスタンのアブドゥル・カディール・カーン博士が、弾道ミサイルの技術と交換で北朝鮮にも設計図を渡したと言われています。

さらに、核兵器開発の始祖であるロスアラモス国立研究所でも、管理体制がグダグダなのをいいことに、いろいろと事件が発生しています。1999年に台湾系アメリカ人科学者の李文和が中国のスパイとして捕まったり、50年間に300kgのプルトニウムが行方不明になっていたり、2004年に機密情報が入った記録媒体が紛失したり……。

研究費をかけるなんてバカみたい、技術も設計図もコピーしたって減るもんじゃないんだから、盗めばいいじゃない。技術は見て盗めって職人の皆さんも言ってるんだし。というわけで、予算と時間と人員の大幅な節約が可能だったのです。

工作機械もあればパソコンもある

超高速回転して数十万Gがかかるガス遠心分離装置は、製造には高度な加工技術が必要ですが、現代の工作機械は一般に購入できるものでも精度が非常に高いので、正確な設計図さえあれば作ることは難しくありません。カーン博士は、パキスタンの核開発に使用した機械や部品の多くを日本から輸入したと公言しています。イランも日本から大量の機械部品を輸入しているので、当然、北朝鮮も同様でしょう。世界的に、日本の技術が核兵器製造に利用されていることは間違いないと思われます。

ただし、日本の技術が核保有国であるアメリカ、イギリス、フランスなどに比べて特別に優れているというわけではありません。「金さえ払えば相手が誰でも売ってくれるのは日本だけ」という、商人的な事情が大きかったりします。日本の節操のない商売っぷりが、世界の核拡散に一役買っているわけです。

さらに、パソコンの発達が核開発を容易にしました。マンハッタン計画で最大の人員を割いたのは計算要員でしたが、当時10カ月かかった計算も、いまなら1日で終わります。流体力学シミュレーターソフトがあれば、知識がない人間でも高度な計算が可能。中身を知らなくても、使い方が分かれば結果が出せるというのは、パソコンの大きな利点です。

問題は核物質の入手

核兵器開発で最も困難なのが核物質の入手です。とにかくプルトニウムさえ手に入れば、あとはなんとでもなります。アメリカで流通しているプルトニウムの値段は、1gで4700ドルと言われています。北朝鮮の核兵器は超臨界爆縮方式（少ないプルトニウムでできる）ではないかとする説に従えば、5kgぐらい必要。ということは、1回の実験で2350万ドル（約26億円）を消費している計算になります。

北朝鮮がどこからプルトニウムを入手しているのかは諸説あります。ロシアや中国からの輸入説のほか、自前で掘っている説も。北朝鮮の黄海北道（ファンヘブク）には、推定埋蔵量が400万トンの、採掘可能なウラン鉱脈があるとかないとか。さすがに400万トンは盛りすぎで過大評価じゃないかとも言われていますが、事実なら世界トップレベルの埋蔵量です。

「90日以内に核武装できる潜在的核保有国」という考え方があります。多数の原発を持ち、自前で人工衛星を打ち上げられる日本は、その気になれば90日以内に核爆弾を製造してミサイルに搭載できる能力を持っていると主張する軍事評論家がおり、潜在的核保有国のひとつに数えられています。そのためか、2014年にはアメリカから「プルトニウムが余ってるなら返せ」と言われてしまいました。

日本はすでに核兵器製造に必要なあらゆる実験を終えているとも考えられます。あとは核兵器の設計図をアメリカからでもコピーさせてもらえば、日本が核武装するのに必要なものはすべて揃ってしまいます。自分で設計図を作った場合は、それが正しく動作するかどうかの核実験が必要ですが、動作確認済みの設計図があれば、その手間もかかりません。

悪の科学力の章

CHAPTER III

Ⅲ-1

ドーピングで強化する・前編

現在、地球上にいる家畜は牛14億頭、豚10億頭、羊10億頭、鶏190億羽。あと社畜が50億人くらいいます。家畜（人間含む）には、病気を防ぐためにさまざまな抗菌性物質やワクチンが投与されているわけですが、それ以外にも、能力を高めるためにたくさんの薬物が投与されてきました。今回は、そんなドーピングの話です。

ドーピングといえば、スポーツ選手がやっているイメージがあります。ですが、世界で最初にドーピングが行われたのは、実は人間ではなく競走馬でした。16世紀のイギリスで始まった近代競馬がギャンブルとして盛り上がり、優勝賞金が高額化。競馬場は勝つために何でもやる無法地帯となり、馬にアルコールやカフェインを与えはじめます。使用が常態化して以降は、負けないために最低限必要だったようです。

長年にわたって認められてきたドーピングですが、その後も芥子や阿片などを経て覚醒剤が使用されるまでに。いろいろと問題になった結果、1910年頃には馬が覚醒剤を摂取していないかの検査が行われるようになりました。人間で正式な検査が始まったのが1968年の冬季オリンピックなので、それより半世紀以上も早かったわけです。

近年になって、薬学の発達により、さまざまなドーピングが生まれました。以下にまとめていきましょう。

労働家畜用ドーピング

家畜を、文字通り〝家畜のように働かせる〟ために、ドーピングが行われています。トラクターとか耕うん機を買ったほうが簡単な気もしますが、ガソリンなども含めて機械が手に入らないから牛や馬を使うしかない国や地域は、現代でも存在しているわけです。

アフリカでは、牛やラバなどの農業用の家畜が疲れてへたらないように「トラマドール」を飲ませているそうです。トラマドールは、鎮痛剤として使用されている第２段階の薬。ロキソニンやアスピリンみたいな市販の鎮痛剤では効かない患者に処方されます。トラマドール３００mgでモルヒネ60mgに相当するとされ、これでダメなら第３段階のモルヒネが登場するというわけ。麻薬の一歩手前の薬といえば分かりやすいでしょうか？　多幸感や抗鬱作用もあり、鬱病の薬としても使えます。

というか、家畜は当然として、農民にまで飲ませて働かせることが常態化しているそうです。現地の農民の場合、トラマドールを10錠も飲めば１日中働いてもまったく疲れを感じないとか。重篤な副作用は比較的少ない薬ではありますが、正規の用法では１日４錠までなので完全にオーバードースなレベル。肝機能障害とか起こしていな

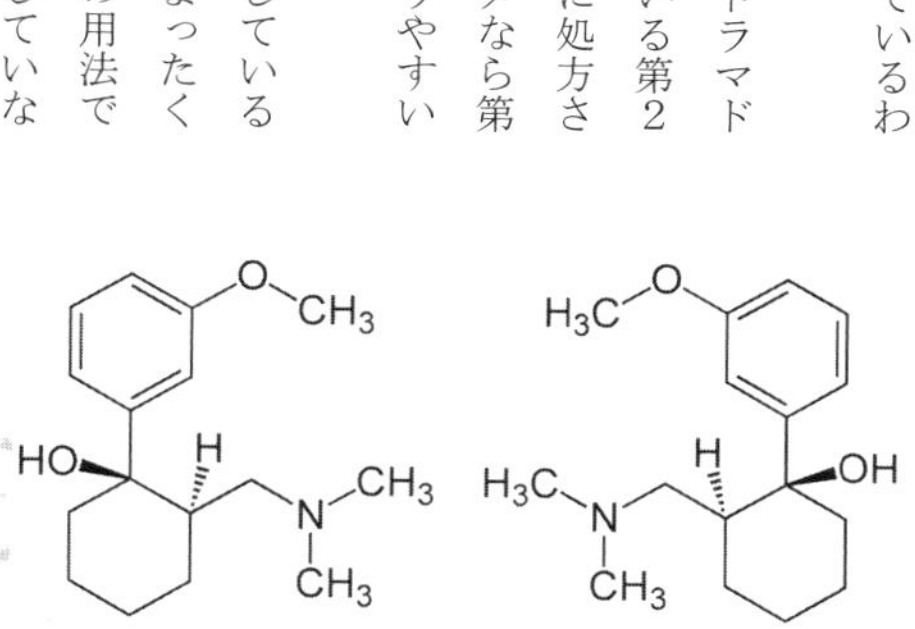

トラマドールの化学式

いのか気になりますが、50歳までに死ぬ人生なら問題にならないでしょう。本当のブラック労働では、栄養ドリンクなんて生易しいものではダメなんですね。

日本だと1錠67円80銭（２０１７年薬価）のトラマドールですが、アフリカでは1錠10円ぐらいで、露天商などが普通に売っているそうです。原産地はインドともナイジェリアとも言われていますが、実際のところ、どこでどうやって作っているのか謎。たぶん、特許料とかライセンスとか払ってないから安いんでしょうけど。

しかし、日本でもトラマドールが社畜の薬になるのは時間の問題かもしれません。最近は気軽に処方してくれる医師が増えているし、保険適用の範囲もどんどん広がってきているみたいだし、麻薬ではないので個人輸入もできるし。ただし、上司が「トラマドールを飲め」とか言い出したら完全に薬事法違反なので、警察を呼んだほうがいいでしょう。

食肉家畜用ドーピング

中国やメキシコなどでは、家畜の成長を促進させ、肉の赤身を増やすために「クレンブテロール」を投与しています。本来は喘息や気管支炎の治療に用いる薬で、普通に病院で処方される分量を摂取するだけなら重い副作用は出ません。ですが、過剰に投与された肉を食べると血液中のカリウム分が減少し、場合によっては不整脈を引き起こします。このため、高血圧や心臓病、甲状腺機能亢進症、糖尿病の人は、死ぬ危

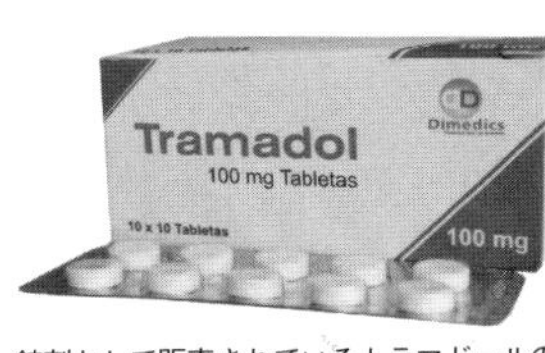

錠剤として販売されているトラマドールの例。

グレンブテロールの化学式

険も。なので日本、アメリカ、ＥＵなどでは禁止されており、輸入の際にも肉に残留していないかの検査があります。実際に中国からの輸入豚肉で検出され、廃棄処分になった事例は後を絶ちません。

その中国では豚の赤身肉の需要が高いため、「痩肉精」という名前でクレンブテロールが大量に売られ、使用されています。豚1頭に必要な「痩肉精」の値段は8元（約140円）ですが、赤身肉化することで儲けがなんと22元（約385円）に！　一応、中国でも禁止薬物に指定されているのですが、簡単に利益が上がるので誰もやめないわけです。

ちなみに、この薬はスポーツ選手のドーピング禁止薬物に指定されています。肉を食べてドーピング検査にひっかかり、出場停止や追放処分となったケースもあり、アンチ・ドーピング機構が「中国とメキシコでは肉を食べるな」と警告しているほど。スポーツ選手たちは自衛手段として、中国やメキシコで開催される大会には食材持参で参加することが多いようです。

ロシア発！　謎のドーピング剤

女子テニスのシャラポワ選手が使用していたことで有名になった「メルドニウム」。2016年1月1日からアンチ・ドーピング機構の禁止リストに追加され、ほかにもロシアを中心とした多数のスポーツ選手から陽性反応が出て問題になっている。この

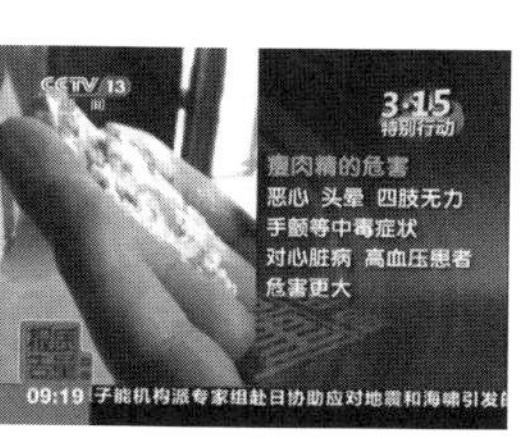

痩肉精は中国でも問題視されている。画像は2011年に放送されたニュース番組より。

薬は日本やアメリカをはじめとする西側諸国では認可されておらず、一般に流通していない。医学的な資料も基本的にはロシア語だ。表向きは、メルドニウムは抗虚血薬ということになっている。心筋梗塞と狭心症をまとめて虚血性心疾患と呼ぶが、本当にその治療薬として常用していたのならば、不可解としか言えない。メルドニウムが必要なほど心臓が悪い体だったら、スポーツ選手なんかできないだろう。アンチ・ドーピング機構によると、血流を良くして持久力や疲労回復力を高める効果があるからドーピングにあたるとのこと。このほかにもまだ知られていない薬が使用されている可能性もあり、ロシアのドーピングは底が見えない。まさに鉄のカーテンに隠された脅威のテクノロジーだ。

軍用ドーピング

スポーツと違い、何やってもＯＫな軍隊でもドーピングはあります。ただし、軍隊ではスポーツ界で一般的な筋力強化は行われていません。なぜなら、使用する薬のコストのわりに得られる筋力の増加によるメリットが小さく、副作用ばかり大きくて意味がないからです。

ドーピングというとすごいイメージがありますが、現実には１００ｍ走で10分の１秒縮めるのが精一杯。どんなに薬を盛っても１００ｍを８秒で走れるようにはなりません。１００分の１秒を競い合うスポーツの世界ならば意味はありますが、機械化が

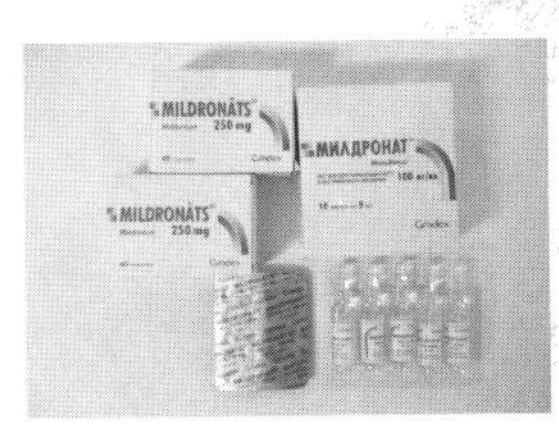

謎の薬、
メルドニウム。

進んだ現代の軍隊では、薬物による筋力強化は価値がないのです。

さて、軍用ドーピングといえば、なんといっても覚醒剤でしょう。旧日本軍が大量のヒロポンを使用していたことは有名ですが、アメリカ軍は、21世紀になっても兵士に覚醒剤を使用していることを公式に認めています。服用しているのはおもに航空機のパイロットで、出撃前の「go pills」と帰還後の「no gopill」がセットになっています。前者は疲労抑制と注意力・集中力の持続を目的としたデキストロアンフェタミンを成分とする薬。後者は休息するために飲む睡眠薬と抗不安薬が入ったものです。

２００２年４月17日、アフガニスタン戦争において、F-16戦闘機が敵と間違えてカナダ軍の兵士４人を殺傷、８人を負傷させた誤爆事件が起きました。カナダ軍としては半世紀ぶりの戦死者だったため国際問題となり、調査が行われます。調査結果は、なんと「パイロットが上官の命令で覚醒剤を常用していたために起きた」というものでした。誤爆事件はこれ以外にも非常に多いのですが、大半は調査すらされていませんん。改善される見込みもまったくないので、これからも覚醒剤中毒による誤爆は続くでしょう。

ヒロポンは現在も日本で製造・販売されている。正規の値段は612円と、ユンケルなんかと同じレベル。残念ながら麻薬指定されているので、コンビニで売られていたりはしない。

Ⅲ-2

ドーピングで強化する・後編

前講に引き続き、ドーピングの話です。さらに深い闇へと潜っていきましょう。

テロ用ドーピング

ダーイシュ（ＩＳ、イスラム国）が大量に生産している「フェネチリン」（商品名「カプタゴン」）という神経刺激薬があります。これは、テロリスト自身が使うだけでなく、資金源として中東一帯で売られているメジャーなドラッグ。２種類のドラッグが合体した分子構造をしており、人間の体内で分解されて、アンフェタミンとテオフィリンになります。なので、頭のよくなる薬（左ページで詳述）として、中東では受験生が試験前に服用していたりするようです。

最近では取り締まりが強化され、トルコで１１００万錠（約1.8ｔ）が押収されたり、レバノンの首都ベイルートの空港で２ｔをチャーター機に積み込もうとしていたところを押収されたりして、ニュースになっていました。早く密造工場を空爆して壊滅させてほしいです。

ベイルートの空港で押収されたカプタゴンの錠剤2t。
サウジアラビアの王子が密輸しようとしたもの。

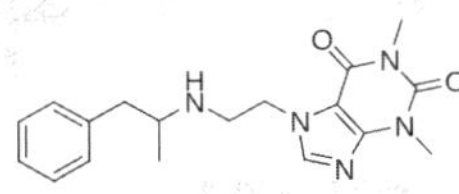

フェネチリンの化学式

頭がよくなる薬・アンフェタミン

アメリカでは、ＡＤＨＤ（注意欠陥・多動性障害）の薬として処方されているアンフェタミン。だが、日本では覚醒剤に指定されており、正規の医薬品として認められていないので、麻薬取扱者免許を持つ医師であっても処方できない。アメリカでＡＤＨＤの薬を処方してもらって日本に持ち帰ると、覚醒剤として逮捕されてしまう（実際に、ＡＤＨＤの薬を服用していたアメリカ人が、親にアメリカから日本へアンフェタミンを送ってもらったことで逮捕された事件がある）。

ただ、アメリカにおいても、ＡＤＨＤの診断書さえあれば簡単に買えるため、アンフェタミンが合法ドラッグとして蔓延し、社会問題化しているとか※1。彼の国でＡＤＨＤ患者がやたらと多いのは、アンフェタミン目当ての詐病と言われているほどだ。

アンフェタミンには光学異性体のＬ体（レボアンフェタミン）とＤ体（デキストロアンフェタミン）がある。Ｌ体は副作用が強いのと、Ｄ体のほうがＬ体よりも効果が３〜４倍も高いため、薬として使用されているのはＤ体だけを分離したものだ。適切に管理して使えば、注意力や集中力が増大し、疲労軽減により長時間の勉強ができるなど、能力向上薬になる。また、他者への信頼感の増加や社交性の向上といった効果もあるので、コミュ障を改善する薬としても期待できる。

ただ、毒性は比較的低いものの、耐性ができやすい。オーバードースが常態化する

アンフェタミンの化学式

L体（レボアンフェタミン）

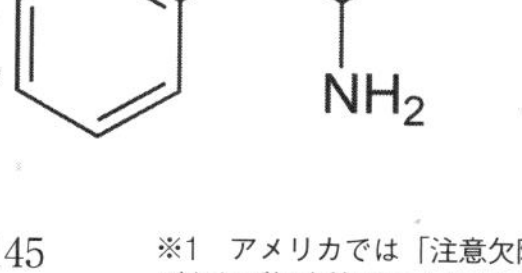

H
CH_3
NH_2

D体（デキストロアンフェタミン）

H
H_3C
NH_2

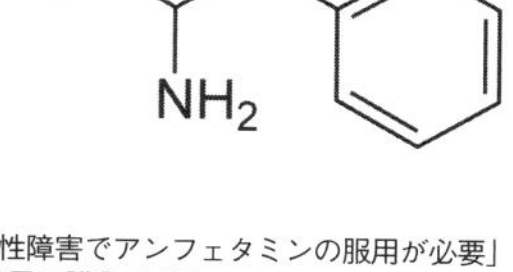

※1　アメリカでは「注意欠陥・多動性障害でアンフェタミンの服用が必要」と書かれた診断書があれば処方箋がなくても何度でも薬局で購入できる。

と摂取量が増え続け、最後は鬱病になり、自殺衝動にかられて自殺するか中毒死するとされている。

いっぽうで、「アンフェタミンには重度の中毒症状はない」とする説もあり（アメリカで気軽に処方されているのはこの説に拠っているから）、20年以上の服用歴を持つ人も珍しくない。たとえば、幅広い分野で膨大な研究成果を残し、世界史上2番目に多い約1500の論文を書いた天才数学者ポール・エルデシュは、アンフェタミンを常用していた。というか、薬が切れると、研究がまったくできないアホになってしまうそうだ。83歳まで生きたが、晩年もその天才ぶりは衰えなかった。覚醒剤中毒者なのに、健康で精神異常もなく長生きした不思議な人物である。ポール・エルデシュを病理解剖して、中毒にならなかった秘密を解き明かしてほしかったと切実に思う。

医療従事者用ドーピング

過酷な勤務を強いられている日本の医師は、病院の薬をちょろまかして自分で使用していることがよくあります。製薬会社が見本にくれた「トラマドール」をこっそり自分で服用するなんてのはかわいいもので、手術用麻酔剤「プロポフォール」（マイケル・ジャクソンがキメて死亡した薬）を自分に使用して量を間違えたのか、腕に注射針が刺さった状態で死亡している医師が発見されたこともあります。この医師は、それ以前に向精神薬を無断で自分に投与していたことがバレて戒告処分を受けていた

ポール・エルデシュ（1913年-1996年）はアンフェタミンを常用していたが、いたって健康だった（https://www.youtube.com/watch?v=-oxfHwSzoM4より）。

そうです。

これに限らず、医師が当直室で死亡している事故はあとを絶ちません。日本だけではなく、アメリカでも同様の事例はあるようで、彼の国の病院には「同僚医師が麻薬中毒になった場合の対応マニュアル」が存在します。医療従事者の現場はスーパーブラックすぎて、もはやドーピングで対処できるレベルではなくなっているのです。

ちなみに、医師が自分で自分に薬を処方することは、医師法違反ではありません。ただ、健康保険法では自分で自分に薬を処方した場合は保険が使えないと定められているので、すべて自費になってしまいます。なので、彼らは基本的に、自分が病気になった場合は知り合いの医者に診察、処方をしてもらっています。

社畜用ドーピング

第二次大戦中に1日10時間労働を強制するため、毎日ヒロポンが支給された話は有名です。しかし、現代の社畜がヒロポンなしで1日12時間以上の労働を行っていることは皆さんご存じのとおり。すごいですね。

ならば、どうして現代の労働者は覚醒剤がなくても長時間労働が可能なのでしょうか？　それは、栄養ドリンクなどが覚醒剤の代わりになっているからではありません。戦時中と比べて、1日の摂取カロリーが大幅に増えたからです。

悲惨な労働環境の代名詞である蟹工船では、事実として1日20時間労働を強いられ

蟹工船の実情について、文学作品は嘘だらけなので注意。事実は『蟹工船興亡史』（宇佐美昇三著／凱風社刊）という本に詳細に書かれている。

ていました。ですが、食糧事情が悪かった時代にもかかわらず毎食どんぶり飯2杯が普通だったことは、あまり知られていません。食事量は陸上の労働者よりも多かったのです。

エネルギーがなければ動けないのは当然の理屈。長時間労働を支えるのに必要なものは、覚醒剤などではなくカロリーなのです。皆さんも、深夜遅くまで働いているとカロリーの高いものを食べたくなったりしませんか？　つまり、現代人は、大量のカロリー摂取による糖質ドーピングを行っているとも言えるわけです。

しかし、糖質ドーピングにも重大な副作用があります。糖質を摂りすぎれば糖尿病などの生活習慣病となって、自身の肉体に降りかかってくることに。結局、社畜には覚醒剤をやってるのとなんら変わらない悲惨な人生しか訪れないのです。糖質はほどほどに。

人間にも使える家畜用の薬

139ページの「労働家畜用ドーピング」にて、農民にも家畜と同じ薬が与えられていることを書きました。基本的に、家畜用の薬は人間にも使えるのです。しかも、家畜用の薬は人間用よりも規制がゆるいこともあって、効果が強めで、価格も安かったりします。

胃腸の調子が悪い家畜に飲ませる胃腸薬なども、人間にも効く薬の代表格。畜産農家が自分で服用することも珍しくないと聞きます。

家畜用の薬が人間にも使えるかどうか、判断するポイントは以下のとおり。

1．人間に近い動物に使用できるか

「人間に近い動物」とは、豚のことを指す。猿を思い浮かべるかもしれないが、猿用の薬はない。基本的に、体重当たり何ｇと用量が決められているので、人間様も同様に用量を計算して使用する。家畜用胃腸薬の場合は、用法と用量を見てみると「体重６㎏あたり１ｇ程度を目安に１回量を１日１～３回経口投与する」となっている。つまり、体重60㎏の人なら１回10ｇを飲めばよいということだ。

2．使用できる範囲が哺乳類全般的に広いか

薬の表示を見て、「適用する動物」に牛、馬、豚、ヤギ、羊、犬まで書いてあれば、だいたい人間もＯＫ。

3．薬の作用が汎用的なものであるか

胃腸など、哺乳類全般で基本構造が同じ部分に作用する薬なら問題ない。逆に、特定の動物にしか作用しない薬のほうが珍しいので、ほとんど気にする必要はないだろう。

「コレって薬事法的に大丈夫なの？」と疑問が出るかもしれませんが、実は「人間に使ったらダメ」という法規制は存在しないので、せいぜいがグレーゾーン医薬品といったところでしょう。現状では、「動物用医薬品等の範囲に関する基準について」という文書で規定されているだけです（正式名称は「平成20年4月11日付け19消安第14721号消費・安全局長通知」）。

ぶっちゃけ、動物用の薬は人間用に認可を受けていない未承認薬の扱いになるだけ。健康保険がきかない自由診療でなら、医師が患者に家畜用医薬品を処方することも可能です。ただ、獣医師が人間に処方すると医師法違反になってしまいます。人間用の医師しか処方できないのは、仕方ないとはいえ、理不尽な感じもしますね。あと、個人で購入して自己責任で使う分には問題ありません。

まあ、中には人間と家畜の両方で厚生労働省の認可を受けた「イベルメクチン内服薬」なんてものもありますけど。ノミ、ダニ、シラミ、疥癬から寄生虫まで幅広く効く薬で、服用すると自分の血を吸ったダニが死にます。悩まされている人は飲んでみるとよいかもしれませんが、まずは掃除をしましょうね。

【2024年5月補足】この記事を書いた当時は陰謀論界隈でイベルメクチンが万能霊薬になるとは予想できませんでした。感染症にはまったく効かないので、薬は正しく使いましょう。

イベルメクチンの基となるのは、放線菌が産生するエバーメクチン。大村智博士が伊東の土壌より発見し、ノーベル賞を受賞した。（http://www.satoshi-omura.info/ivermectin/ivermectin.htmlより）

漢方薬でドーピング

「化学物質だから悪い、自然な生薬から作られた漢方薬ならドーピングに引っかからない」と思うかもしれない。だが、たとえば葛根湯には麻黄という植物の粉末が含まれており、その中にはアルカロイド系のエフェドリンが入っている。エフェドリンはドーピング薬に指定されているので、スポーツ選手はうっかり漢方薬を飲めない。

エフェドリンはアンフェタミンに類似した化学構造を持っており、徹夜で勉強した後の眠気覚ましに効く。カフェインの上位互換ともいえるものなので、コーヒーがダメな人も効果が期待できる。葛根湯は医学部伝統の試験用ドーピング薬で、筆者が学生のころは、授業で「東洋医学会会長が推薦している」などと聞かされたものだ。もし、葛根湯では効き目が弱いと思うなら、麻黄を買ってきて、すりつぶして粉末にして飲むという手も？　一応、エフェドリンだけを単離してしまうと覚醒剤取締法にひっかかるが、麻黄の粉なら合法ドラッグ……じゃなかった漢方薬であり、自然な生薬として認められている。受験にドーピング検査はないが、さすがにオススメはしない。

麻黄は生薬として、漢方薬局などで販売されている。

Ⅲ-3

銃で人を制する意味

最強の銃はどれかを語るとき、必ず出てくる言葉があります。「ストッピングパワー」です。簡単に言えば、一撃で相手を行動不能にできる威力のことで、多くの銃がストッピングパワーの強さをセールスポイントにして売られています。

ダーティハリーが映画のなかで撃ちまくった影響か、ストッピングパワーが最強とされる.44マグナムなら自動車だって吹っ飛ばすし、撃たれた人間は一発で肉片になる……あらゆるメディアでそんなふうに描かれていますが、それはあくまでフィクションの世界のお話。今回は、このストッピングパワー伝説の正体を追っていきましょう。

元ネタは西洋剣術

ストッピングパワーが語られるようになったのはいつからでしょうか？ ちょっとした銃マニアなら、真っ先に1899年の比米戦争をあげるかもしれません。しかし、実はもっと古くから存在していました。なんと、1599年にイギリスの騎士ジョージ・シルバーという人物が書いた本『パラドックス・オブ・ディフェンス』に登場する、古流剣術の概念なのです。

.44マグナム最強伝説を作った『ダーティハリー』シリーズ（「ダーティハリー4」より）。

この本では、「実戦において自分を守るためには、相手の攻撃する力を奪うことが先決。攻撃できなくしてしまえば敵を安全に倒せる」と書いてあります。また、「致命傷を与えても相手に反撃する力が残っていると相討ちになってしまうからダメだ」とも。その上で「ストッピングパワーが最も強い攻撃は、ブロードソードを使った上段から頭への一撃だ」と説いています。

しかし、残念なことにこの本は当時、まったく売れなかったようです。大英博物館の倉庫に300年近くも埋もれていたところ、シリル・マッセイという歴史研究家が発見。1898年に再出版されると、古流剣術の指南書としてベストセラーになりました。なぜかというと、19世紀には古流剣術の資料も伝承者もほとんど行方不明になっており、この本を含めた極少数の情報しか現存しておらず、希少価値が出たからです。作者が生きていたときにはまったく売れず、忘れられたころにベストセラーっていうのは不憫で仕方ありませんが……。

ジョージ・シルバー（George Silve）

16世紀から17世紀初頭にかけて活躍したイギリスの剣術家で、国王エドワード2世によって叙任された本物の騎士。西洋剣術の指南書である『パラドックス・オブ・ディフェンス（Paradoxes of Defense)』の作者として有名。ヨーロッパではレイピア（フェンシング）以外の剣術の資料の大半が紛失してしまい、完全な形で現存する本は少ない。

ちなみに、1599年に出版された『パラドックス・オブ・ディフェンス』は当時流行していたレイピアに対する批判本であり、レイピアとブロードソードを比較し「レイピアが刺されば相手はいずれ死ぬが自分も刺されて相打ちになる、ストッピングパワーの強いブロードソードの攻撃こそ最強」と主張している。すでに実戦で剣を使うことはなくなり、剣術はフェンシングを主流とするスポーツ化に向かっていた時代に生きた不遇の剣豪なのだ。

彼の著作が有名になったのは、歴史研究家のシリル・マッセイ大尉が大英博物館の倉庫に保存されていたものを発見し、1898年に再出版されてからであった。

PARADOXES
OF DEFENCE,
WHEREIN IS PROVED THE TRVE grounds of Fight to be in the short auncient weapons, and that the short Sword hath advantage of the long Sword or long Rapier. And the weaknesse and imperfection of the Rapier-fights displayed. Together with an Admonition to the noble, auncient, victorious, valiant, and most brave nation of Englishmen, to beware of false teachers of Defence, and how they forsake their owne naturall fights: with a briefe commendation of the noble science or exercising of Armes.
By George Silver Gentleman.
LONDON,
Printed for Edward Blount.
1599.

ジョージ・シルバー著『パラドックス・オブ・ディフェンス』

ストッピングパワーの数値化

この本は、海を越え、アメリカ陸軍のハッチャー少将の手に渡ります。ハッチャー少将が1927年に出版した『ピストル・アンド・リボルバー』という本で、銃用語としてはじめて「ストッピングパワー」が登場しました。巻末の参考文献をよく見ると『パラドックス・オブ・ディフェンス』がありますし、記述が一字一句元ネタと同じ。まさに、イギリス古流剣術の概念を銃へと移植したものなのです。

アメリカ軍がフィリピンを植民地にしようとした米比戦争では、銃を持ったアメリカ兵が木の槍で襲ってくる原住民と相討ちになる事例が多発しました。この当時のアメリカ軍は38口径のリボルバー拳銃を採用していたのですが、命中しても敵が即死せずに槍で突いてくるため、死傷する兵士が続出したのです。サバイバルゲームならばゾンビ行為だと非難したくもなりますが、これは現実の戦争。困った軍人さんはハッチャー少将に「弾が当たっても敵が刺してくるよ、どうにかしてよ」とトラブル解決を持ち込んだ結果、銃のストッピ

ジュリアン・ゾンマヴィル・ハッチャー少将（Julian Sommerville Hatcher）

アメリカ陸軍軍人で、銃器開発の責任者としてアメリカ陸軍武器科小火器部門のチーフを務めた。また、ストッピングパワーの研究を行った最初の研究者で、「ハッチャースケール」という一覧表を作成。

銃の研究開発でいくつかの著作と成果を残しているが、発明家としてよりもトラブル解決者として活躍した人物といえるだろう。スプリングフィールドM1903小銃の破裂防止穴に「ハッチャーホール」という名前がついているのは、この人が開けた穴だからだ。第一次世界大戦では機関銃部隊の育成に尽力するなど、裏方として地味ながら重要な仕事をしている。

ジュリアン・ハッチャー著『ピストル・アンド・リボルバー』

ングパワーが誕生したというわけ。

このとき、ハッチャー少将は「ハッチャースケール」という一覧表も作りました。これが、ストッピングパワーが数値化された最古の記録となります。『ピストル・アンド・リボルバー』では「ストッピングパワーが30以下なら30%の確率で相手を行動不能にできる。30から49なら50%の確率で相手を行動不能にできる。50以上なら90%以上の確率で相手を行動不能にできる」と書かれており、表を見ると、50以上の銃弾は.45ＡＣＰか.44マグナムとなっています。

ストッピングパワーの本来の目的は、破壊力でも殺傷力でもありません。大昔から人間が武器に求めてきた能力をわかりやすくまとめてしまえば、『ダイの大冒険』で魔王軍のザボエラが述べた「自分は一切傷つかず、他人を一方的にいたぶれる能力」ということになるのです。でも、それを正直に言ってしまうと、勇者モドキの青年に「最低の発想だ」とドン引きされてしまいます。そこでいろいろと建前を取り繕っているから、本質が見えなくなっているだけで、こと戦場において「強者とは強い者のことではない、戦いの場に最後まで残っていた奴のことよっ!!」というのは真理なのです。

ストッピングパワーという幻

というわけで、アメリカ軍の拳銃が.38ロングコルト弾のM1892から、.45ＡＣＰ弾を

.38ロングコルト弾とコルトM1892。

使用するM1911へと代わったのですが、今度はベトナム戦争のときに、ベトコン相手にまったく同じ目にあいました。戦争が終わっても、警察官が犯人にマグナム弾ぶち込んだのに、犯人に撃ち返されて相討ちになる事件が発生します。

人間というものは、意外と簡単には死なないもので、マグナム弾を4発食らっても、1分ぐらい生きているケースは珍しくありません。脳や心臓に命中した場合でも、10秒ぐらいは動けます。弾丸が当たって体に穴が開いたぐらいでは、引き金を1回引くだけの時間もないほど瞬間的に死ぬなんてことはアリエナイのです。

誰かが撃ち返されて痛い目にあうたびに「この銃はストッピングパワーが足りなかった」「もっとストッピングパワーを強くするにはどうしたらいいのか」と議論が繰り広げられるわけですが、永遠に結論が出るはずがありません。なぜなら、ストッピングパワーという言葉が絶妙で使いやすい一方で、大きな矛盾をはらんでいるからです。

「一撃必殺」は、英語では「ワン・ショット・ワン・キル（One Shot One kill）」といいます。ならばストッピングパワーではなく、「一撃必殺力（ワン・キリング・パワー）」などと言えばわかりやすくなるはず。しかし「人を必ず殺すほどの力が強い武器は禁止しろ」と騒がれて、売り物にならなくなってしまうのが現実。たとえば最強のストッピングパワーを持つ50口径対物狙撃銃は（拳銃ではありませんが）、「そういう武器で人間を撃つのは残酷だから、人をターゲットにしてはいけません」と非難さ

.45ACP弾とM1911
（コルト・ガバメント）。

れて、対物狙撃銃という言い回しが使われています。本当のストッピングパワーを持っていると、実際には使えなくなってしまうというわけです。

「必ず殺す技」と書いて必殺技なのに食らっても死なないのがお約束。結局、ストッピングパワーとは、マンガに出てくる「相手が死なない必殺技」みたいな矛盾の上に成立している夢の言葉なのです。

ちなみに、２００８年にアメリカ国防総省が調査したところ、過去20年の実戦で米兵が敵に向けて拳銃を発砲した回数はたったの9回。そのうち敵に命中して殺傷したのは1回でした。そもそも撃つ機会がないのなら、現在の制式拳銃のストッピングパワー不足が問われる日は今後も来そうにありませんね。

「対人」とは名乗れない
50口径対物狙撃銃M107。

ハッチャースケール一覧表

左は、ハッチャー式測定法に基づき、10ミリクラスの弾も追加した表。一般論として、弾が大きいほどストッピングパワーが強いとされている（いわゆる大口径信仰）。ただ、現在のアメリカ軍の制式装備は9ミリ拳銃（M9）であり、小口径でも高速な弾丸ならストッピングパワーが強いとする説もある。また、10ミリ弾を使う拳銃のメーカーが「.44マグナムよりもストッピングパワーで勝る」と主張するなど諸説入り乱れており、科学的結論はいまだ出ていない。また、口径以外の要素として、火薬量（多いほど弾速が上がる）や、弾頭の種類（強さの順はリードワッドカッター＞ホローポイント＞フルメタルジャケット）でもストッピングパワーは変わると言われている。

弾頭	火薬量	ストッピングパワー
.45 ACPフルメタルジャケット	230グレーン	49.1
.45 ACPホローポイント	230グレーン	60.7
.44 マグナム フルメタルジャケット	240グレーン	92.3
.44 マグナム リードワッドカッター	240グレーン	136.8
.44 スペシャルフルメタルジャケット	240グレーン	51.6
.44 スペシャルリードワッドカッター	240グレーン	76.5
.41 マグナム フルメタルジャケット	230グレーン	54
.41 マグナムリードワッドカッター	230グレーン	80
10 ミリフルメタルジャケット	180グレーン	50.3
10 ミリホローポイント	180グレーン	62.1
.40 S&W フルメタルジャケットフラットノーズ	180グレーン	53.4
.40 S&W ホローポイント	180グレーン	59.4
.38 スペシャルフルメタルジャケット	158グレーン	26.7
.38 スペシャルリードワッドカッター	158グレーン	39.7
.357 マグナム フルメタルジャケット	158グレーン	32.7
.357 マグナム リードワッドカッター	158グレーン	48.5
.357 SIG フルメタルジャケット	147グレーン	36.6
.357 SIG ホローポイント	147グレーン	45.2
9ミリ フルメタルジャケット	147グレーン	32.3
9ミリ ホローポイント	147グレーン	39.9
.380オートホローポイント	95グレーン	18.3
.32オートホローポイント	71グレーン	11.1
.25オートホローポイント	50グレーン	3.7
.22ロングライフルホローポイント	40グレーン	4.2

※100グレーンは6.479891g

Ⅲ-4

一家に一台　ご家庭原子炉計画

自宅の納屋で自家用原子炉を作ろうとしたデイヴィッド・ハーンという偉人が、2016年9月に39歳でお亡くなりになりました。一時期は在日米軍として日本にも滞在していたそうで、薬理凶室に勧誘したかったのですが、残念なことです。

彼が1人でコツコツと作り上げた原子炉は、自然に核分裂反応を起こす物質を集め水の中に入れてお湯を沸かすというものだったようです。かなりよいところまでいっていたらしく、アメリカの原子力規制委員会が本気で動いて、自宅が放射能汚染区域に指定されてしまったほど。死因は公表されていませんので、被曝によるものだったのかどうかは不明です。追悼の意味も込めて、今回は原子力発電をＤＩＹする方法について追いかけてみたいと思います。

入手可能な放射性元素

原子力による発電を行うには、放射性元素の入手が必須です。デイヴィッド・ハーンは火災報知器からアメリシウム、キャンプ用ランタンの芯からトリウム、時計の夜光塗料からラジウム、銃の照準器からトリチウムなどを集めたとか。ただ、現在では

17歳のとき、原子炉を自作しようとしたデイヴィッド・ハーン。（『The Nuclear Boy Scout』より）

そういった製品はすべて、放射性元素を使わないものに置き換わっています。

日本でも現在では「放射性同位元素等による放射線障害の防止に関する法律」により規制されてしまい、ほとんどの放射性元素は入手困難になっています。昔は「健康によい」とかいってラジウムとかを普通に売っていたりしていたのですが……。ラジウム温泉から採取するという方法もありますが、いったい何万tのお湯を蒸留したらいいのか、見当もつきません。やはり古い時計の夜光塗料を集めるのが、ラジウムの場合は鉄板でしょうか。

では、集めたラジウムからどうやって電力を取り出すのか？　これについては、光電変換方式原子力電池を作るのが一番現実的です。理論上は、縦横1mぐらいの板に夜光塗料を塗布し、この板から発せられる光を太陽電池に当てて発電させるというもの。乾電池1個分ぐらいの電力ですが、10年間ぐらいはずっと得られるはずです。まあ、ショボイですが、汚染も爆発もないレベルの核エネルギーでは、その程度にしかなりません。

ほかに日本で入手可能な放射性元素を挙げられるとすれば、トリウムです。電気溶接に使うトリウム入りタングステン電極棒ならば、通販で購入可能なので、そこから取り出すのです。ただし、「トリウム原発なんてものが実在するなら、個人でも作れるかも？」と期待してしまいますが、これがなかなか難しい。

まず、トリウムは半減期が149・5億年と桁違いに長く、安定した核物質なので、

トリウム入りタングステン電極棒なら日本でも簡単に入手できるが……。

そのままでは燃料になりません。ウラン、リチウム、ベリリウムとの合金にしてやる必要があります。トリウムだけ手に入ってもダメなんですね。また、必要な分量を手に入れるためには、数千tもの溶接棒を溶鉱炉に投入して分離しなくてはなりません。もし鉄工所とかを経営しているなら、もともとトリウム入りタングステン電極棒を大量に消費するので、入手すること自体は比較的容易でしょう（資金さえあれば）。

放射性落とし物

放射性物質は基本的に厳重に管理されており、警備の厳しい原発や核施設から流出することはまずありません。ですが、医療や検査で使用される放射線源が窃盗被害に遭うという実例はあります。たとえば、ゴイアニア被曝事故。廃病院から93gのセシウム137が盗まれ、最終的に被曝者249人、重症16名、死者4名を出しました。放射性物質窃盗事件としては最悪のレベル5と評価されています。

また、なぜか偶然そこいらに落ちていることもあります。1971年に千葉の造船所で作業員が地面に落ちていたイリジウム192の棒を拾い、下宿に持ち帰って被曝した事件。パキスタンのカラチでソ連の石油・ガス開発会社が地質調査用に使っていたアメリシウムとベリリウム241を放置、作業員が見つけて被曝した事件。さらには、インドやトルコではゴミ捨て場のスクラップに放射性物質が混ざっていて被曝した事件が起きています。台湾では鉄クズと一緒にコバルト60を再処理にかけて作られ

自家用核融合炉？

「核融合」「DIY」でググると、「自宅で核融合炉を自作した」と主張する記事が大量に見つかる。しかし、核融合は核分裂よりも難度が高く、技術と材料が揃っていたとしても、ご家庭で実現するのは不可能。そもそも、そんなに簡単にできるなら、商用核融合炉がとっくにできていないとおかしい。これらの記事の実態は放電をバリバリさせてX線などを出しているだけのお遊びにすぎないので、決して信じないように。

放射性物質にまつわる事件＆事故の例

発生年	場所	概要
1971年	千葉県千葉市	非破壊検査装置のイリジウム192を拾った造船所の作業員が被曝で重症を負う
1982年	台湾北部	マンションの鉄筋コンクリートの鉄骨にコバルト60が混入して住人が被曝。1992年まで気づかず
1984年	モロッコ、カサンブラカ	非破壊検査装置のイリジウム192が盗まれる。犯人とその家族８人が被曝、３人が死亡
1987年	ブラジル、ゴイアニア	廃病院からセシウム137が盗まれ、被曝者249人、重症16名、死者４名と史上最悪の被害を出す
1996年	イラン、ギーラーン	発電所の検査用イリジウム192が紛失。拾った作業員が約90分間胸ポケットに入れて重症を負う
1997年	グルジア（現ジョージア）、トビリシ	旧ソ連軍の基地から発見された１ダースのラジウム226で11人が被曝
1999年	ロシア、キンギセップ	БЕТА-M型原子力発電機が盗まれる。犯人３人が被曝で死亡
1999年	トルコ、イスタンブール	ゴミ捨て場にあった鉛のブロックの中からコバルト60を発見。出所不明。８人が被曝、２人死亡
2000年	タイ中部	スクラップになった放射線治療装置から出たコバルト60で被曝。３人が死亡
2000年	エジプト、カイロ	出所不明の放射性廃棄物で被曝者が多数出るも、報道管制が実施され詳細不明
2001年	グルジア（現ジョージア）、トビリシ	旧ソ連基地のИЭУ-1型原子力発電機から漏出したストロンチウム90で300人以上が被曝
2008年	パキスタン、カラチ	旧ソ連の石油・ガス開発会社が地質調査用に使っていたアメリシウムとベリリウム241で多数の作業員が被曝
2010年	インド、ニューデリー	デリー大学が売却したガンマ線照射装置を廃棄物処理業者が分解。中にあったコバルト60で７人が被曝、１人死亡
2011年	チェコ、プラハ	公園の地下に埋まっていたラジウム226が発見される。出所不明
2011年	東京都世田谷区	民家の床下からラジウムの入ったビンが発見される。犠牲者なし
2013年	メキシコ、メキシコシティ	放射線治療装置が輸送中に盗まれ、４日後に発見。放射線源のコバルト60によって、犯人の６人が被曝
2015年	メキシコ、メキシコシティ	イリジウム192を入れた容器がトラックから盗まれ、現在も行方不明のまま

た鉄骨を使用し、住むと被曝する新しいタイプのマンションが建ってしまったこともありました。

なので、ガイガーカウンター持ってスクラップの山や廃病院を探せば、意外と入手できてしまうかもしれません。

原子力電池を回収

原子力発電というと、なんとなく巨大なものを思い浮かべることでしょう。ですが、ご家庭で使えるレベルの小型原子力発電も存在しています。

原子力発電所で燃料として使用されているのは、半減期が7億３８０万年と非常に長いウラン２３５です。そのままでは目に見えない程度のエネルギーしか出さないので、原子炉のなかで中性子をぶつけて、核分裂を引き起こしてやります。その熱で湯を沸かし、蒸気でタービンを回しているのです。ちなみに、核分裂反応が速くなりすぎると爆発します。それを利用したのが核兵器というわけです。

一方、ストロンチウム90（半減期28・8年）やプルトニウム２３８（半減期87・7年）みたいに半減期が１００年程度の物質なら、原子炉みたいな装置がなくても勝手に熱を出すので、そのまま燃料として使えます。大変便利ですね。ただ、半減期が短いということは、放射線も強烈で毒性も凶悪ということ。プルトニウム２３８は常時赤く光って致死レベルの放射線を出していますし、ポロニウム２１０（半減期138.376日）

核分裂の熱で赤く発光しているプルトニウム238の塊。 photo:NASA/DoE

も放置しておくと自分自身の核分裂熱で勝手に溶けるほどのエネルギーを放出しています。このポロニウム２１０は、暗殺に利用されたという実績があるほどの強力な猛毒です。

　とまあ、かように危険な物質ではありますが、被曝が気にならない用途ならＯＫということで、僻地の灯台や宇宙探査機に使われています。たとえば惑星探査機ボイジャーに搭載されている原子力電池は、プルトニウム２３８を燃料にしたもの。すでに40年近くも稼動していますが、あと10年くらいは機能し続けるでしょう。原発みたいに常時エンジニアが管理する必要もなくメンテナンスフリーで、燃料補給を必要とせずに50年近くも動き続けることができるという優れものです。

　この原子力電池ならば小型軽量なので、一般家庭の裏庭にも置けるはず。防護壁の厚さが25㎜程度あれば、放射線を遮ってくれるので安心。それでいて、家1軒分くらいの電力なら1基で賄えてしまいます。ちなみに、人工衛星に搭載された原子力電池がトンガ付近の海底に沈んでいるらしいので、それを見つけてくるのもいいかもしれません。

　ほかに、入手の可能性があるとすれば、БＥＴＡ-Ｍ型原子力発電機ですね。少し前に、ネットで家庭用原子力発電機チュルノブイリ-1型というジョークのチラシの画像が出回りましたが（ネタ元は『ラジオライフ』１９９０年11月号の別冊付録に掲載したウソ広告）、それにそっくりなものが実在します。БＥＴＡ-Ｍ型原子力発電機

『ラジオライフ』1990年11月号の付録「裏RL」の裏表紙に掲載された嘘広告「家庭用原子力発電機 チュルノブイリ-1型」。

ボイジャーに搭載された原子力電池。あと10年は稼働し続けるはず。
photo:NASA

は、中身に鉛などの放射線遮蔽材が詰まっているため、大きさのわりに重く、560kgもあります。燃料は半減期が短いストロンチウム90が260gだそうです。発電能力は10Wしかないので、電球1個を点灯する程度ですが、10年以上極寒地に放置して燃料補給なしで動き続けます。

この原子力発電機は、彼の国がまだソビエトだったころ、国営用途限定で1000個以上作られました。それがロシアになってから放置されたままになっているそうです。今から回収に行っても、たぶん半分以下の出力しかないとは思いますが、詳しい構造や落ちている場所を知りたい人はロシア語のキリル文字「БЕТА-М」でググってみるとよいでしょう。1999年にロシアのレニングラード州キンギセップに設置されていたものを実際に盗んだ人たちがいるので、やってできないことはないはずです。ただ、その犯人たちは3人とも、高レベル被曝で血を吹いて死亡しています。

ロシアの各地に存在するБЕТА-М型原子力発電機。（http://www.atomic-energy.ru/articles/2015/09/16/59787より）

伝説の玩具

アメリカでは、1950年に子供向け原子力実験セットが発売されている。この「ギルバートのU-238原子力研究室（Gilbert U-238 Atomic Energy Lab）」には、放射線を測るガイガーカウンターと、放射性元素が同梱されていた。具体的にはアルファ線源として鉛210とポロニウム210、ベータ線源としてルテニウム106、ガンマ線源として亜鉛65にウラン鉱石と、微量とはいえけっこうヤバイものが入っていた。そのせいかどうかは不明だが、1年ちょっとで販売停止になっている。

ちなみに、鉛210の半減期は22・3年、ポロニウム210の半減期は138.376日、ルテニウム106の半減期は373.59日、亜鉛65の半減期は243.66日。なので65年以上が経過した現在では、すべて放射能を失っているはず。もし入手できたとしても、もはや使うことはできないのだ。残念。

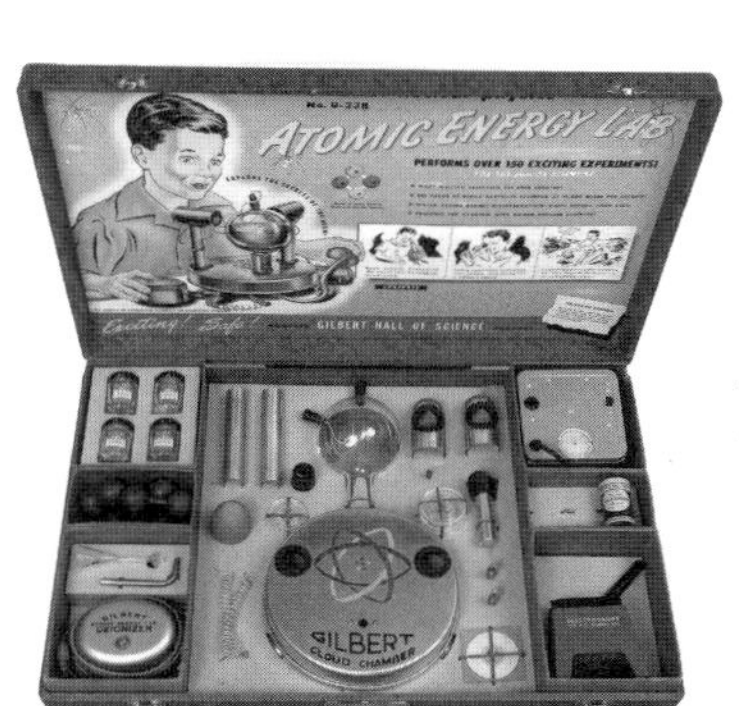

オークリッジ連合大学博物館では、「ギルバートのU-238原子力研究室」のほかにも原子力にまつわる玩具を多数収蔵している（https://www.orau.org/ptp/collection/atomictoys/GilbertU238Lab.htmより）。

Ⅲ-5

粛正のための医学

自殺と死刑の両方で、世界的に多いのが「首吊り」です。総務省統計による自殺手段の割合を見ると、首吊りは男が66・4％、女が58・9％。平均すると62・65％となり、過半数以上を占めています。また、日本の死刑は１００％絞首刑です。

法医学の用語では「縊頸（いっけい）」などと難しい言い方をする首吊り自殺ですが、大きく分けて呼吸や頚動脈の血流を止める「窒息型」と、落下のエネルギーで第二頚椎と第三頚椎の間を破断させる「頚椎損傷型」に分類できます。

ただ、自殺の場合は窒息型がほとんど。頚椎損傷型は首をくくった状態で宙吊りになるよう飛び降りる必要があり、その距離を得ることが難しいためか、自殺ではあまり聞きません。ちなみに、日本や欧米の絞首刑は頚椎損傷型で行われています。

首吊り自殺の現実

『完全自殺マニュアル』（鶴見済著、太田出版）には、首吊りは既遂率ほぼ１００％でお勧めの自殺手段だと書いてありますが、実際にはなかなかうまくいかないようです。一般人が自殺に用いる首吊りは、さほど高くないところで吊る窒息型なので、縄がうまい具合に気管や頚動脈を締め上げてくれないと、即死できません。その結果、かなり苦しむことになりますし、死に損ねる事例も非常に多いのです。首を吊っているところを発見され病院へ搬送された２０３例を調査した論文によると、

- **救急隊が到着したときに心肺停止だった１５４例は全員死亡**
- **到着時に心臓が動いていた49例のうち44例が無事に退院。３人が死亡、１人が重度の障害で長期入院、１人が植物人間に**

となっています。

首吊り自殺者の約22％は死に損ねている計算になり、短時間で確実に心肺停止にならないと蘇生されてしまいます。死に損ないはかなり悲惨で、脳機能に回復不能な障害が残ったり植物人間になったりします。それでも医療従事者が心肺停止で救急搬送されてくる患者への治療を諦めないのは、フランク永井のように助かった実例があるからです。症例報告には、18分以上の心肺停止から蘇生して退院できた自殺者もいます。人口の多い地域の病院では１日に何人もの縊頸心肺停止の患者が搬送されますが、医療従事者は助かる確率が１％以下だからといって治療放棄することはありません。

水素は首吊りに効く

消費者庁に「効果なし」と言われ、トドメをされた水素水ブーム。このほかにも水素吸入など、怪しげな水素健康法はいろいろと存在している。ただし、首吊りの治療においては、水素ガスが本当に効くかもしれない。慶応義塾大学の研究によると、濃度２％の水素ガスを吸入することにより、心肺停止から蘇生したあとの脳機能や心筋組織の後遺症を軽減させ、生存率が改善することがわかったそうで、実際に人間での治験が始まっている。こちらはインチキ健康法とは違って、エビデンスがある真面目な医療なのだ。

体重を支える強度が必要

首を吊るとき、ロープを結びつける場所をよく考えないと失敗する。結論から言うと、木造和風建築の家にあるような梁が必須。鉄筋コンクリートの家やマンションだと、梁や柱はほとんどない。ドアノブや電灯の取り付け部でも自殺できると言われているが、強度不足で壊れてしまう可能性もある。特に手摺関係は、建築基準法に規則がないのであまり頑丈ではない（強度は100kgf/m程度）。体重80kgぐらいの人間が勢いよく首を吊ると、確実に壊れて痛い目を見ることになる。

首吊りと臓器移植

2016年、韓国の俳優キム・ソンミンが首吊り自殺をして、救急搬送されたものの1日後に脳死判定となり、5人への臓器提供が行われました。日本でも、自殺↓脳死↓臓器提供というパターンは少なくありません。

1999年から2011年にかけて日本で行われた脳死移植のうち、13%が自殺者です（死体からの移植も含めると30%）。一方、アメリカでは10・1%なので、日本における脳死臓器提供に占める自殺者の割合は多いと言えます。その理由として、「都合よく脳死になる確率の低さを補うほど、多数の自殺者がいる」という点と、「銃や毒薬などの確実な手段が入手困難なため、自殺が失敗しやすい」の2点が考えられます。アメリカでの自殺手段1位である銃などは、大きな出血を伴う死になりやすく、臓器が虚血状態になって使い物にならなくなるのです。

都合よく脳だけ死んで心臓など他の臓器が健康に生きている状態になるには、首吊り自殺の失敗が理想的。前述の論文の２０３例を参考に、首吊り自殺者の0.5%弱が脳死（≒植物状態）になっているとしましょう。日本の自殺者全体のうち62・65%が首吊りということは、0.3125%ですね。年間の自殺者が２５０００人だとすると、そのうち80人前後という計算になります。まさに「死して屍拾うものあり」。自殺するなら、事前に臓器提供意思表示カードの登録をしておくべきでしょう。

ところで、医療費が馬鹿高いアメリカにおいて、自殺未遂で脳に重大な障害を負ったりすると、さっさと脳死扱いにされて、臓器提供に回されてしまいます。アメリカの医者は臓器の品質を保つドナー・コンディション管理が認められており（日本では認められていない）、日本に比べて脳死と判定されてから人工呼吸器を止める条件がゆるいこともあって、首吊り自殺未遂者はすみやかに臓器提供者にされ、医療費を回収されるそうです。家族が生かしておいてくれと懇願しても「それなら毎月ン千万円の医療費を払え」と言われ、文字通り泣き寝入り。アメリカに臓器移植に行くと、金額次第で簡単に提供者が見つかる秘密は、こんなところにあるのかもし

『我輩は猫である』のネタ元

夏目漱石の『我輩は猫である』には「首吊りの力学」が登場するが、これは決して与太話ではない。1866年発行の哲学雑誌（Philosophical Magazine）に投稿されたサミュエル・ホートン博士の「力学的、生理学的な観点から見た絞首刑について」（On Hanging Considered from a Mechanical and Physiological Point of View）という真面目な学術論文からの引用なのだ。原典にあたってみると、「集団絞首刑が可能かどうか検証した数式」もしっかりと書かれている。

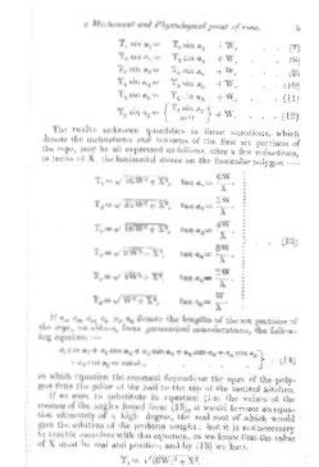

『On Hanging Considered from a Mechanical and Physiological Point of View』（https://archive.org/stream/b22282889#page/5/mode/2up）より

れません。

絞首刑の流儀

前述のように、日本や欧米諸国で行われている絞首刑は頚椎損傷型です。昔は首に縄をかけてから引っ張りあげる窒息型が主流だったのですが、死に損ねて3回もやり直した事例があったり、死ぬまでに数分から十数分もかかる場合があることから、人道的によろしくないということに。そこで、足元の板を開いて落下させ、首の骨を破壊して即死させる頚椎損傷型になりました。

この方式だと、窒息型と比べて失敗する確率が極めて低い……どころか、実はオーバーキルになってしまい、首が千切れてしまうことがよくあります。首の組織の破壊による死という意味では、本質的に斬首刑と同じなのです。

キリスト教もイスラム教も遺体が損壊することを嫌う教義を持っているため、首と胴体が分離してしまう処刑方法は残酷だと非難されます。なので今でも、首が千切れるのを嫌って、死刑囚が苦しむのもお構いなしにクレーンで吊り上げるという窒息型絞首刑を行っている、イランやサウジアラビアのような国もあるのです。

一方、頚椎損傷型絞首刑を採用している国では、千切れてしまった場合は仕方がないので縫い合わせてつなげたりしています。ただ、イギリスにおいては、残酷だからちゃんと千切れないようにやれと大量のクレームが来て、確実に即死するけど首が千

Body weight			1888 drop		1892 drop		1913 drop	
Stone	lb	kg	ft	cm	ft	cm	ft	cm
14.0	196	89	6'5"	196	4'3½"	131	5'1"	155
13.5	189	86	6'8"	203	4'5"	135	5'3½"	161
13.0	182	82½	6'11"	211	4'7"	140	5'6"	168
12.5	175	79¼	7'3"	221	4'9½"	146	5'8½"	174
12.0	168	76¼	7'6"	229	5'0"	152	5'11½"	182
11.5	161	73	7'10"	239	5'2½"	159	6'2½"	189
11.0	154	70	8'2"	249	5'5"	165	6'6"	198
10.5	147	66⅔	8'7"	262	5'8½"	174	6'9½"	207
10.0	140	63½	9'0"	274	6'0"	183	7'2"	218
9.5	133	60¼	9'3"	282	6'3½"	192	7'6"	229
9.0	126	57	9'6"	293	6'8"	203	7'11"	241
8.5	119	54	9'9"	297	7'0½"	215	8'5"	257
8.0	112	51	10'0"	305	7'6"	229	8'6"	259

Wikipediaの「公式ドロップテーブル」より

初代アバーディア男爵ヘンリー・オースティン・ブルース

切れない絶妙な絞首刑の方法を研究する必要が出てきました。

そんなわけで１８８８年、王立地理学会会長である初代アバーディア男爵によって召集された委員会で、世界初の絞首刑マニュアル「公式ドロップテーブル」が作成されました。「なんで絞首刑に地理学？」と思うかもしれませんが、当時の地理学といえば、未知の世界を探検するための学問です。地図や海図の作成だけでなく、造船、探検装備、医薬品、動植物学まで、あらゆる未知の科学分野を扱う万能組織だったので、首吊りの力学もやることになったのでしょう。

処刑人からの聞き取り調査を行い、処刑のたびにデータを取ったりして研究した結果、ロープの太さは18・３mmで、ロープの長さは体重（51kg～89kg）にあわせて１６５～２４４cmの範囲で調節するのが最適との結論が出ました。この公式マニュアルの登場により、イギリスでは絞首刑で首が千切れることが激減したそうです。

自殺の際には、右に述べた寸法のロープを使用するのがイギリス王立地理学会推奨です。具体的な換算表はWikipediaに載っているので、気になる人は確認してみるといいでしょう。

さらに本格的な頚椎損傷型の首吊りを検討するなら、「絞罪器械」（下図参照）を自作するのはいかがでしょうか。アメリカではＤＩＹでギロチンを製作し、自殺に成功した事例もあることですし。絞罪器械があれば、首に縄をかけてレバーを引くだけで、簡単に自殺できるようになります。ちなみにこの絞罪器械は、明治時代の太政官布告

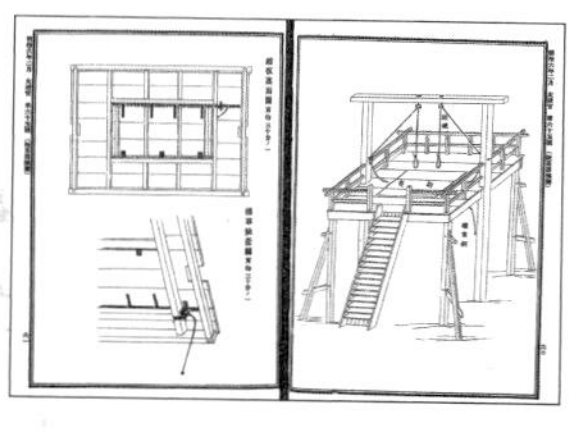

明治６年太政官布告第65号に記された絞罪器械図。国立国会図書館デジタルコレクション（http://dl.ndl.go.jp/info:ndljp/pid/787953/105）より

（当時の法律）によって定められたもの。ただ、元ネタはイギリスで開発された絞首刑装置と言われており、金具の形状などが酷似しているそうです。

ま、これだけのものを作れるなら、準備を進めていくうちに自殺する気がなくなりそうですけどね。いつでも自殺できると思うと、不思議と生きる気力が湧いて来るらしいですよ。

意外と難しい刃物自殺

ついでに刃物による自殺についても触れておこう。リストカットなどのように、実施される事例が多い反面、刃物自殺の成功例は非常に少ないのが現実で、統計上も「その他」に含まれているぐらいだ。近年でも、埼玉少女監禁事件の犯人が自分の首を刺して自殺しようとしたが失敗している。

自分の体を刃物で切ったり刺したりするのは意外と難しく、反射的に身を守ってしまい、うまくできない。武士の自殺の代表ともいうべき切腹に介錯人が必須なのも、切腹だけで死ねる人が極めて稀だからだ。

そんな刃物を使った自殺のひとつに「刎死（ふんし）」がある。刀を使って、自分で自分の首を切り落として死ぬ方法だ。やり方は、まず、図のように刀を首の後ろに担ぐ。そして、この状態で勢いよく前に倒れる。これにより、自分の体重がしっかり腕に乗り、刀で首を落とせるのだ。

刎死は、最古の記録が『日本書紀』というぐらい伝統と格式のある死に方で、当然辞書にも載っている。

十一月辛丑朔癸卯、有人、登宮東岳、妖言而自刎死之。當是夜直者、悉賜爵一級。是月、大地動。

（『日本書紀』第廿九より）

刎死の方法

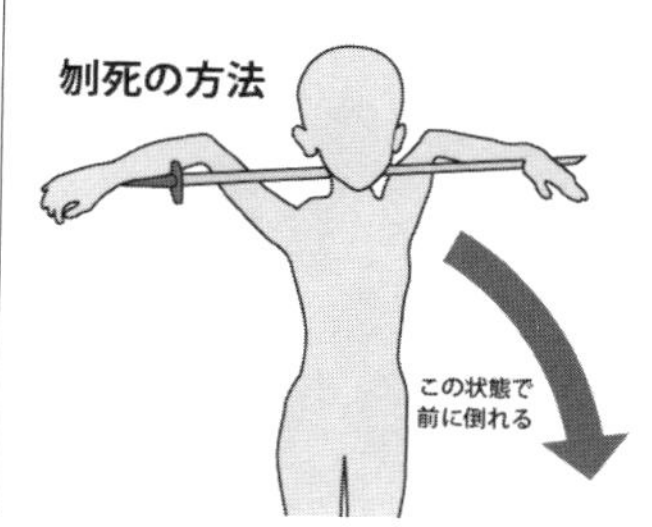

Ⅲ-6

爆発の科学

フィクションなどではよくネタになるものの、一般の生活の中ではなかなか触れる機会のない「爆発」というもの。身近でないぶん、誤った情報を鵜呑みにしていることも少なくありません。そこで今回は、爆発にまつわる正しい知識をいくつかご紹介しておきましょう。

導火線の仕組み

ベルギーにある元祖小便小僧は、爆弾の導火線におしっこをかけて火を消し、爆発を防いで町を救ったという逸話によって作られたそうです。ですが、これを現代でやっても火が消えないので死にます。

というのも、発破工事などで使用されるダイナマイトの導火線には耐水基準が設けられていて、ちょっと水をかけたぐらいでは消えないようになっているからです。それどころか、耐水性導火線という水中でも使えるものさえあります。濡れると使えなくなるのは、黒色火薬を紙で巻いた導火線の時代の話。小便小僧は14世紀の話だから消せたのです。

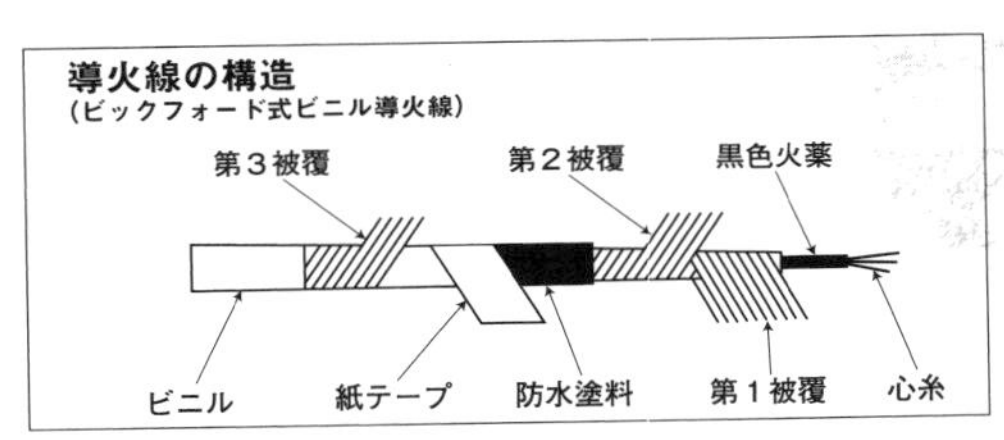

導火線には厳しい基準が設けられており、右ページ下の図のように6重に巻かれていて、手で叩いたり足で踏んだぐらいでは消えません。また、引っ張り強度も意外と強く、60〜90kgとされています。そのため、素手で引きちぎるにはかなりの腕力が必要です。もし「自分ならできる」と思う人は、直径5㎜の麻紐を買ってきて引きちぎってみてください。ダイナマイトに使われている導火線の強度は大体それぐらいです。また、噛み切るのも難しいでしょう。麻の繊維で被覆されているので、人間の歯ではとても食いちぎれません。

導火線を止める一番簡単で確実な方法は、刃物で切断すること。直径5㎜の麻紐が切れるハサミなら、一発で止めることが可能です。

導火線よりも強力な「導爆線」も紹介しておきましょう。カタログスペックで見るとなんと水深20mに対応（水圧2kg／㎡相当）し、なかには水深50mまで使用可能な強力な製品もあります。その名の通り、爆発しながら短くなっていくというもので、導火線以上に消えにくく、切断以外に止める方法はありません。その一方で、着火するには6号雷管などで線の先端を起爆してやる必要があります。静電気や火花ぐらいでは着火しないので、引火事故にも強いといえるでしょう。

導爆線はそれ自体の威力がけっこうあります。一番ぶっとい導爆線（1mあたり85gのペンスリット※1が充填されている製品）を厚さ2㎜のジュラルミン板に圧着して起爆すれば、板を切断することが可能なほど。人間に巻きつけて起爆すれば、巻きつ

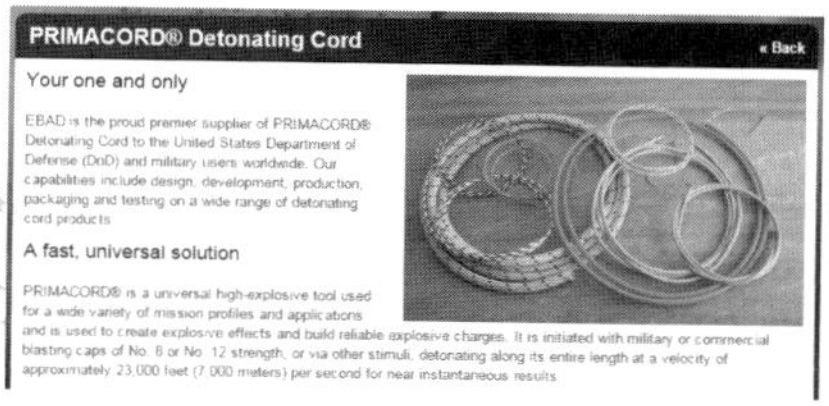

PRIMACORD® Detonating Cord

« Back

Your one and only

EBAD is the proud premier supplier of PRIMACORD® Detonating Cord to the United States Department of Defense (DoD) and military users worldwide. Our capabilities include design, development, production, packaging and testing on a wide range of detonating cord products.

A fast, universal solution

PRIMACORD® is a universal high-explosive tool used for a wide variety of mission profiles and applications and is used to create explosive effects and build reliable explosive charges. It is initiated with military or commercial blasting caps of No. 6 or No. 12 strength, or via other stimuli, detonating along its entire length at a velocity of approximately 23,000 feet (7,000 meters) per second for near instantaneous results.

導爆線は「プリマコード」という商品が有名で、発破現場では導爆線＝プリマコードで通じる。これに由来して、導爆線で切断される線を設計図上では「プリマライン」と呼ぶことも。分離作業をする際にはぜひカッコよく叫んでほしい。（http://www.eba-d.com/products/primacorddetonating-cord/より）

※1　ペンスリット…導爆線の芯薬として用いられる高性能爆薬。プラスチック爆弾の材料でもある。

いたところの肉が飛び散って下手したら骨まで抉れるでしょう。小指ぐらいなら切断できるかもしれないので、ヤクザのエンコ飛ばしにも使えるかもしれません。

アニメやマンガでは「爆裂ボルト点火！」とか叫んで、ロボットの手足を強制的に外すシーンが登場しますよね。『ガルパン劇場版』でも戦車のキャタピラをパージしていましたが、現実では爆裂ボルトだけでは不十分な場合が多く、導爆線を併用することが多いようです。爆裂ボルトはどうしても〝点〟の威力となってしまいますが、導爆線は〝線〟で切断できるので、大きな部品を切り離す場合に有用なんですね。

起爆装置の真実

時代が進んで発破の規模が大きくなると、導火線の出番は減っていきます。一度に爆破するダイナマイトの数が多いと、導火線では全部同時に起爆することが難しくなるからです。ゆえに、電気雷管による一斉爆破が一般的になりました。ここで登場したのが、T字状の棒がついた箱。起爆装置のアイコンとしてよく見かけますね。

この装置の正式名称は「ダイナマイトプランジャー（Dynamite Plunger）」といって、電気雷管を起爆するための高電圧の交流電気を発電する発電機（マグネトー）と、溜めておくための蓄電装置（コンデンサー）です。実は、これ自体は起爆装置ではありません。フィクション作品に出てくる「起爆装置のT字状の棒を押し込むと爆発する」という描写は誤りなのです。

起爆装置のアイコンとしてもよく見かけるこちら。実は「ダイナマイトプランジャー」という発電機なのだ。

正しい使い方は、まずダイナマイトプランジャーのT字状の棒を上下に動かして、十分に電気を溜めます。その後、電線でつながった小さい箱（発破器、いわゆる起爆装置）に鍵を差し込んで、90度回すことで爆破するのです。発破器の鍵もT字状になっているため、混同されてしまったのでしょうか。

ちなみにこの装置、有名なわりに歴史はあまり長くありません。１８６４年にシーメンス社が発売したものが最初で、最後に生産されたのが１９００年ごろ。半世紀足らずしか使われていないのです（日本にも明治時代に輸入され、日露戦争で旅順要塞を爆破するために使用された）。デュポン社の爆発物部門が出している『ブラスターハンドブック１９２２年版』（最新は２０１４年の第18版）を最後に、マニュアルからも消えています。ただ、コレクターは多く、21世紀になってもネットオークションや古物商で取引されているようです。

ちなみにプランジャー（Plunger）とは、押したり引いたりする棒のこと。現代ではトイレのつまりを直すラバーカップを意味する単語だったりします。気になる方は、ぜひ英語でググって確かめてみてください。

『ブラスターハンドブック1922年版』（デュポン社）

ダイナマイトプランジャーの使い方。右端がダイナマイトプランジャーで、その左に発破器が確認できる。

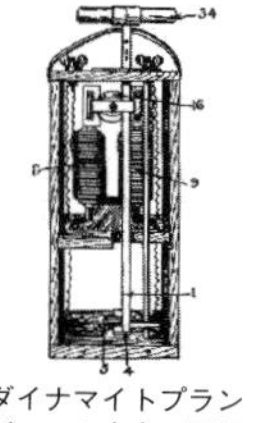
ダイナマイトプランジャーの中身の図解。マグネトーとコンデンサーが描かれている。

小麦粉も爆発する

さて、爆発とはなにも爆薬だけの専売特許ではありません。小麦粉だって立派な爆発物になります。「粉塵爆発」は穀物産業の世界では頻繁に起きていて、穀物サイロや輸送システムには何重にも爆発防止の仕組みがほどこされているほど。1977年12月22日にルイジアナ州ニューオーリンズ近郊で起きた事故では、高さ40mのサイロが吹き飛び、コンクリートの塊が周囲400mに飛散、死者数40人以上という大惨事になりました。まるで火山の噴火のような規模といえるわけで、私設軍隊に自家用人工衛星まで持ってる穀物メジャーの支配者カーギル社も頭を抱える大難問、それが粉塵爆発なのです。

単なる小麦粉がただ燃えるだけでは済まず、爆発するのはなぜか。それは化学反応の基本原理と密接に関係しています。燃焼という化学反応は、物質の表面で起こります。そして表面積が大きければ大きいほど、反応が進みやすいのです。物体の表面積を大きくする方法は簡単で、金属だろうがなんだろうがとにかく細かく砕くこと。アルミと酸化鉄の粉末をまぜるとテルミットができるのもこの基本原理によるものです。

つまり、粉塵爆発は小麦などが一気に燃え広がることで起こります。化学反応が音速以上の場合は「爆轟」、音速未満は「爆燃」と呼びますが、粉塵爆発は「爆燃」にあたります。この反応には酸素が必要となりますが、倉庫で安置されているような、

粉塵爆発が起こる３つの条件

1．密閉された空間であること
2．粉を飛び散らせる何かの力があること
3．着火するための火の元があること

小麦粉だけが山になっている状態だと酸素不足で燃えません。逆に、小麦粉同士が離れすぎていると、燃焼の熱が隣に伝わらず、爆燃してくれません。つまり、細かい粉末が適度に舞い散っている状態にあると、爆発が起きる可能性が高まるということですね。一般的に、薄力粉として売られているものは平均粒子径57μmで、最小５μm～最大１００μm程度の粉末です。この小麦粉が爆発するのは「爆発下限濃度」まで空中に飛び散ったときで、１㎥あたり60ｇです。逆に「爆発上限濃度」というものもあって、粉が多すぎても粉塵爆発は起きません。

その威力はどの程度のものでしょうか。F-K理論という計算式に当てはめてみると、87kPa m/s※2と出ました。まあ、60ｇ程度の粉塵爆発なら、ボンと音がしてふたが飛び跳ねる程度。小麦粉１ｔでも、そのエネルギーをＴＮＴ換算すると３６４０ｇしかありません。爆薬としては激弱の部類です。

では、例に挙げたような大惨事がどうして起きるのかというと、とにかく「規模が大きいから」の一言に尽きます。大規模工場で１００ｔ（ＴＮＴ換算３６４kg）以上の小麦粉がボンバイエすれば、建物なんかが盛大に吹き飛ぶわけです。

小麦粉よりも強力な爆薬……じゃなかった食品としては、コーンスターチあたりが有望です。粒子径３～35μmと、小麦粉よりも細かいので勢いよく燃えるでしょう。爆発の威力も２００kPa m/sと、小麦粉の倍以上は出る模様。また、砂糖でも計算してみたところ、１４０kPa m/sとなりました。

F-K理論（熱爆発理論）については『粉じん爆発・火災対策』（オーム社刊）を参照。

※2　kPa m/s…面積と時間あたりにかかる圧力をあらわす単位。今回の場合は爆発の圧力を意味し、数字が大きいほど爆発力が大きいということ。1kPa＝約１気圧。

さらに強力なのは金属粉で、アルミ粉粒子径22㎛なら1100kPa m/sとまさに桁違い。ただし、アルミ粉の場合、粒子径がこれよりも小さくても大きくても威力は下がります。粉粒子径が170㎛を超えると爆発しません。

あと、粉塵爆発事故が小麦粉と並んで多い炭鉱についても触れておきましょう。石炭の場合、粒子径10㎛以下、爆発下限濃度30g／㎥で88kPa m/sです。威力は小麦粉と大差ないのですが、比較的低い濃度でも爆発するので危険というわけです。

粉塵爆発は、条件さえ満たせば小規模でも起こります。JIS規格Z8818で定められているのは、20ℓの容器での実験。使用する小麦粉は12gで、爆発しても花火程度で済むので安全というわけ。どうしても試してみたい人は「粉じん爆発体感教育機器」というものが売られているので、購入して実験してみるといいでしょう。

小麦粉にコーンスターチに砂糖。どこから見ても完璧に料理の材料です。法律に触れる心配もありません。

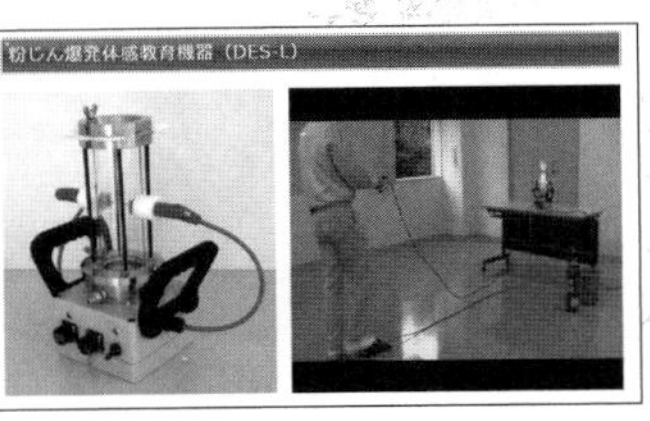

粉じん爆発体感教育機器。問い合わせてみたところ、1台120万円とのこと。これまで何台売れたのか気になる。
(http://www.eiseiken.co.jp/service/kikihanbai/index.htmlより)

非実在化合物

ドデカニトロヘキサプリズマン。この呪文のような文字列は、新條まゆ先生のマンガ『エリート!!～Expert Latitudinous Investigation TEam～』第2巻に登場する世界最強の爆薬の名前です。炭素原子12個にニトロ基が12個もついていてものすごく強そうな物質なのですが、実はこれ、2017年現在の化学では誰も合成に成功していない非実在化合物だったりします※1。

しかし、まったくの空想の産物というわけでもありません。コンピュータ上での電子構造計算では実在できる可能性が高く、中国の南京理工大学化工学院の分子・材料科学研究所のチームが合成に取り組んでいたりするので、いつか実在の物質となる日が来るかもしれないのです。

ちなみに、化学の専門誌にドデカニトロヘキサプリズマンが存在可能だという論文が発表されたのは2013年。そして、南京大学がコンピュータ上の計算ではできそうだから合成に挑戦すると発表したのが2014年4月です。一方、このマンガ（第2巻）が発売されたのは2011年10月26日で、初出（雑誌掲載）はさらに前となります。いったい新條まゆ先生は元ネタをどこから持ってきたかと思ったら、先生のブ

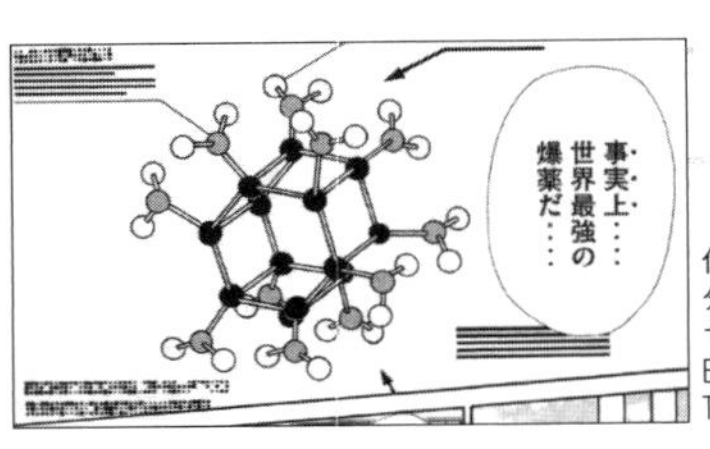

作中で物質名は出ないが、この分子モデルはドデカニトロヘキサプリズマンだ（『エリート!!～Expert Latitudinous Investigation TEam～』第2巻より）。

※1　ドデカニトロヘキサプリズマンは、2024年5月現在も合成に成功した論文は出ておらず、「仮説上の化合物」のままである。

ログによると、なんとご自分で考えたとのこと。『エネルギー物質ハンドブック』を参考に、見た目の美しさと安定性にこだわって書いてみたんだそうです。

化学物質の命名法

いきなり「新條まゆ先生が未来を予知していた！」というオチが付いてしまいましたが、ちょっとお待ちを。「すごい爆薬の構造式を考えて正しく命名する」ことは、ちゃんと教科書を読んで有機化学を勉強していれば不可能ではありません。たとえば「ドデカニトロヘキサプリズマン」の場合は、化学物質名のルールに従って「ドデカ」「ニトロ」「ヘキサ」「プリズマン」と分解できます。

「ドデカ（dodeca）」とは「12」を意味する接頭辞。決して分子がデカイわけではありませんよ。爆薬には必須のニトロ基（窒素1個と酸素2個が繋がったもの）が12個ついている化合物なら、ドデカニトロ～という名称になることが容易に求められます。有名なＴＮＴ爆薬こと「トリニトロトルエン」も、トリは「3」を意味する接頭辞なので、「3つのニトロ基がついているトルエン」という意味です。

「ヘキサ」も同じく数字の「6」を表す接頭辞。そして、炭素でできた角柱（prism）を「プリズマン」と呼びます。つまり、「ヘキサプリズマン」は炭素でできた六角柱（炭素6個の六角形をふたつ重ねた形状）の化合物というわけ。

ちなみに、現在のところ、実在するのは三角柱（トリプリズマン）、四角柱（テトラプリズマン)、五角柱(ペンタプリズマン)まで。六角柱(ヘキサプリズマン)や七角柱(ヘプタプリズマン)は合成には成功しておらず、理論上の存在となります。

というわけで、こうして一定のルールにのっとって単語を並べてやれば、架空の物質名を考えることはそれほど難しくないのです。

仮説上の化合物

南京大学が言うには、ドデカニトロヘキサプリズマンの威力は『アリエナイ理科ノ教科書ⅢC』で〝最強の爆薬〟として紹介した「オクタニトロキュバン」を超えるそうです。しかし、アメリカの高エネルギー物質研究所(High Energy Materials Research Laboratory)は中国に負けまいと、「オクタアザキュバン」がさらに上を行くと主張。ただし、こちらも現時点では非実在化合物にすぎません。理論上存在できるはずと言ってるだけです。窒素が8個、箱型に繋がっているだけの単純な形なんですが、最強らしいです。

さらにさらに、ドデカニトロヘキサプリズマンの炭素の一部を窒素に置き換えることでより威力が強化される「ヘキサニトロヘキサアザプリズマン」が理論上存在可能だとする論文も発表されています。なんか、世界規模での「ボクの考えた最強爆薬」合戦になっている印象ですね。残念ながら、日本はこの分野では完全に蚊帳の外という感じなんですが……。

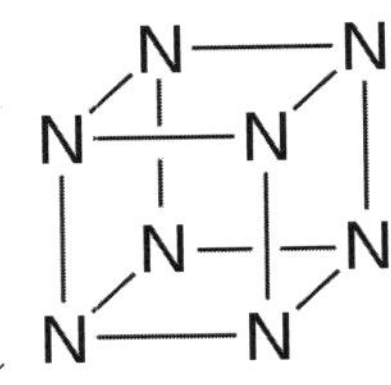

オクタアザキュバン

ただし、このように計算化学（コンピュータ上の計算で研究する分野）によって生まれた化合物は、実際に作る手順を考えつかなければただの絵に描いた餅。どこかの天才が実際に合成に成功するまでは「仮説上の化合物」と呼ばれます。

そして、合成できたとしても計算どおりの威力が出るとは限りません。爆薬の威力は、分子構造だけで決まるわけではないからです。結晶構造や充填密度など、さまざまな要素が複雑に絡み合うため、単純に「ニトロ基が沢山ついていれば強い」というわけではありません。たとえば「ペンタニトロアニリン」はTNTよりもニトロ基が2個多いのですが、実際に作ってみたところ、特に優れた威力は発揮できませんでした。

また、威力が出たとしても、不安定だったり毒性や腐食性が高かったりして、不採用になることもよくあります。日本軍が日露戦争で使った下瀬火薬は、三拍子（毒性・腐食性・不安定）がそろってしまい、しかもTNTより特に強いわけでもなかったので消えていきました。

最強爆薬完成の道のり

スーパーコンピュータを使って最強の爆薬を考える研究は、1980年代にはすでに行われていました。現在実用化されている爆薬で最強とされている「ヘキサニトロヘキサアザイソウルチタン」（略称「HNIW」、別名「CL-20」）は、その方法で生

ヘキサニトロヘキサアザイソウルチタンの結晶（特許情報 https://www.google.ch/patents/US20120199256より）。

まれたのです。ただし、このＨＮＩＷを実用的といえるレベル（簡単、安い、大量）で合成する手順が開発されるまでには、長い時間がかかっています。

ＨＮＩＷは、４段階合成法によって、初めて〝大量生産〟（kg単位の話。戦争に使える万ｔ単位の段階ではない）が可能になりました。ただ、この方法では、高価なパラジウム触媒を使い捨てにしなければならなかったため、ＨＮＩＷのお値段は１kg当たり６６００ドル（約74万円）以上。参考までにＴＮＴ爆薬は１kgで１３２００円なので、その約56倍という高級品です。

それから９年かけて研究を進め、簡単な材料で作れる３段階合成法が発見されます。お値段は１kgで２４０００円ちょっとと、ＴＮＴ爆薬の２倍以下にまでコストダウンに成功。これなら連続して大量に製造できるということで、実用化のメドが立った

……かと思いきや、化合物が作れただけではまだダメ。

合成できてもフラスコの中で溶媒に溶けている状態では爆薬として使えません。安定・高密度の「固体」として取り出す必要があります。乗り越えなければならないもうひとつの壁、それが「分子結晶」です。多数の分子が分子間の相互作用で結びついて塊になっている状態のことで、たとえば〝白い粉末〟などは化学物質が結晶化した姿です。

ＨＮＩＷには、準安定型結晶のα（アルファ）・β（ベータ）・γ（ガンマ）型と、安定型結晶のε（イプシロン）型、この４種類があります。なぜδ（デルタ）型が抜

想定より威力が小さくて失敗。こんな例は現実の化学でもよくある。（『エリート!! ～ Expert Latitudinous Investigation TEam ～』第２巻より）

計算で求める爆薬の威力

火薬学の世界には「爆轟特徴数の簡易推定法」という、分子構造から威力を推測できる計算式がある。これを使えば、架空の分子であっても威力を推測可能だ（下表の「簡易計算」の欄）。ただし、古い爆薬ではだいたい合っているのだが、最新の爆薬だと、低い値が出てしまう。この計算法では、分子構造自体が持っている歪みに由来するエネルギーを求めることができないためだ。なので現在では、コンピュータ上で高度な計算を行うようになっている（下表の「高度計算」の欄）

爆轟特徴数の簡易推定法

$$D = \frac{F - 260}{550}$$

$$P = 9.33D - 45.6$$

$$F = \left[100 \times \frac{n(\mathrm{O}) + n(\mathrm{N}) - \frac{n(\mathrm{H})}{2n(\mathrm{O})} + \frac{A}{3} - \frac{n(\mathrm{B})}{1.75} - \frac{n(\mathrm{C})}{2.5} - \frac{n(\mathrm{D})}{4} - \frac{n(\mathrm{E})}{5}}{M_{\mathrm{W}}} \right] - G$$

【記号の意味】
D:爆速／P:爆轟圧力／F:分子構造から求めた係数／O:酸素の数／N:窒素の数／H:水素の数／A:芳香族なら１それ以外は０／B:反応の後に余る酸素／C:炭素と結合している酸素の数／E:ニトロ基の数／G:係数０固定／Mw:分子量

非実在化合物の理論値

化合物名	簡易計算	高度計算
ドデカニトロヘキサプリズマン	8,388m/s	13,800m/s
オクタニトロキュバン	8,307m/s	10,100m/s
オクタアザキュバン	計算不能	15,000m/s

【参考】実在の爆薬の実測値
TNT：6,900m/s
RDX：8,750m/s
HMX：9,120m/s
HNIW：9,400m/s

けているのかというと……、理想の結晶状態をコンピュータで計算し、実際に作ろうと七転八倒したのですが、計算理論に間違いが発覚。δ型は実在できないことが判明して欠番になったのです。コンピュータの計算に頼りすぎた現代ではよくある話ですね。

さて、準安定型の3種類は、密度が低い（1・97ｇ／㎤）上に不安定で、自爆事故が怖くて兵器には使えませんでした。その後、ようやく発見された第4のε型結晶では密度も高まり（2・04ｇ／㎤）、爆薬として安定化。これによって実用化のメドが立ったのです。α・β・γ型の爆速が９１００ｍ／ｓのところ、ε型の爆速は９４００ｍ／ｓ。結晶の構造次第で、性能は大きく異なります。

ところで、結晶というものは、一度、核ができてしまえば、それに倣ってどんどん固まっていきます。種となる結晶を用意すれば、同じ結晶の塊をいくらでも取り出せるのです。ただ、〝最初の1個〟を手に入れるのが大変に難しい。このε型の場合も非常にユニークでした。α・β・γ型の3種類を溶媒に溶かして煮込んでみたら、今まで見たことのない結晶ができており、それがε型だったというのです。有機化学の専門家にとっては、「どうしてこうなった」と叫びたくなるような意外な方法でした。

実用品最強爆薬のＨＮＩＷは、理論上の発見から合成に成功するまでに8年、低コストで大量生産できるようになるまでに9年、安定結晶の発見にさらに3年。というわけで、理論計算ができてから実用化まで20年もかかっているのです。

「ボクの考えた最強の爆薬」を妄想するだけならパソコンのソフトをいじって30分ぐらいでできますが、実際に作るには何十億円単位の研究費と、10年以上の歳月が当たり前。新條まゆ先生の考えた事実上世界最強の爆薬が実用化されるのは、まだまだ先になりそうです。

電子構造計算プログラム『Gaussian』

現在のご家庭のパソコンの性能は、1980年代のスーパーコンピュータをゆうに超えており、電子の軌道計算といった複雑な処理も行える。『Gaussian』というソフトがあれば、適当に思いついた化合物が実在できるかどうかを、お手軽に計算できるようになったのだ。爆薬の分子構造を考えるくらいであれば、ちょっと中二病をこじらせた化学好きなら誰でも試せるだろう。実際に使いこなすには有機化学や物理学、量子力学といった専門知識が必要なので、敷居はかなり高いのだが……。

昔の有機化学者は、自然界に存在している物質を探し出し、薬品を混ぜたり煮たりして新化合物を試行錯誤していた。フラスコや試験管で実験する「ステレオタイプの科学者」に一番近い存在だったのだ。だが、最近はまずパソコンで理論計算をするようになったため、だいぶイメージが変わっている。

実は正しかった「まゆたんシュート」

新條まゆ先生のマンガ『覇王・愛人』といえば、「ちょろいもんだぜ」のシーンが有名。ネット上でさまざまなコラが作られるなど、一大ミームとなりました。主に殺し屋のライフルの構え方がおかしいということでネタにされているのですが、実はこういう構え方は本当にあるのです。

俗称「バズーカシュート」

当然、正式な教本には載っていませんが、この構え方は「バズーカシュート」などと呼ばれており、発展途上国のゲリラ少年兵が実際に行っているもの。彼らは慢性的に栄養失調気味なので、体が小さく、身長が１００～１３０cmぐらいしかありません。その体格で、大人が使用することを前提とした重い武器を構えようとしても、バランスが取れずうまくいきません。

そこで、彼らが編み出した構え方が、バズーカシュートなのです。重くて長すぎる小銃を、バズーカのように肩に担ぐ。これによって、小さい体でも銃を支えることが可能になります。というか、バズーカ自体も大きすぎるからああいう構え方になって

『覇王・愛人』第３巻より、世界一腕のたつ殺し屋の構え方。

るわけで、人間工学的には正しいと言えます。

バズーカシュートでは、銃床の代わりにピストルグリップを体に押し付けて反動を受け止めます。これは照準が大変不便で、命中率は極端に悪くなります。が、ゲリラの少年兵なんて、もともと射撃の素人。その上、弾がもったいないからと、練習もろくにさせてもらえません。というか、自爆テロなみに敵に接近して撃てと教えられるので、これで問題ないわけです。

つまり、あの作品の殺し屋は、実は小学生ぐらいから戦場で生き延びてきて、少年ゲリラ兵としてバズーカシュートで狙撃を成功させてきた……という裏設定があるのかもしれません。独学で学んだ射撃法だけど、このやり方じゃないと命中させられないので、いまさら構え方を変えることはできない、というふうに考えることが可能。まさに他人のセックスを笑うなです。いや、それは違うか。

大人用バズーカシュートライフル

「銃が大きすぎてもてあましている子供の構え方ということならば、大人がこの構え方をすれば、もっと大きな銃を扱えるのでは?」と考えた人が居たようです。バレット・ファイアーアームズ社のM82というライフルは、全長1447・8㎜、重量12900g。大人でも大きすぎるというか、本当に人類のために開発された兵器なのか疑わしいぐらいです。『ヘルシング』のセラスでもないかぎり、片手撃ちすると

アメリカ陸軍が公開したバレットM82A1の構え方。

死ぬと思われます。

マンガやアニメではこの銃をよく振り回していますが、現実では重すぎて、二脚を地面に立てないとまともに構えられません。普通の小銃みたいに構えるには大変な力が必要で、人間だと腰だめで撃つのが限界。当然、ちゃんと照準できません。

そこで登場したのが、バズーカシュートの構え方ができるようにして、照準器もその位置にちゃんと合わせた改良型のM82A2！　……と言いたいところですが、実際は少数が生産されただけで、試作倒れになってしまったようです。

M16でも狙撃はできる

ともかく、持ち方の問題はクリアしました。次に、あの銃、アサルトライフルM16は狙撃銃じゃない、狙撃に向いていないというツッコミについて。回答としては、たしかに向いてはいないけれど、別に無理ではありません。

アメリカ海兵隊には、１０００ヤード（９１４・４ｍ）の距離で人間の頭を撃ち抜けるだけの射撃技量を持っているライフルマンが何人も存在します。そして、普通のM16で１０００ヤードの射撃競技が実施されており、皆さん、普通に的に命中させています。しかも、スコープなしで。いちおう、アメリカ軍には実際にM16を狙撃用に改造したSPR Mk12（ゴルゴ13が使っているのはおそらくこれ）というライフルもありますが、そんな特別な銃を使う必要はありません。

トミーテックが1/12スケールで商品化したプラモデル『LittleArmory LA004 M82A2タイプ』。バズーカシュートが可能な形状であることが確認できる。

Ｍ16のカタログスペックは有効射程距離６００ヤード（約５４８ｍ）なので、つい無理だと思ってしまいがち。ですが、有効射程距離というのは、あくまでも普通の技量の人間が使って命中させられる距離のこと。弾自体は２５００ｍぐらいまで届きますから、数百人に１人レベルの技量があれば、１km先の人間の頭を打ち抜くことは不可能ではありません。アメリカ軍は１００万人以上いるので、仮に５００人に１人だとしても２０００人以上存在する計算になります。世界全体で考えると、アサルトライフルで１km先の人間の頭を撃ち抜けるスナイパーは、５０００人以上はいてもおかしくないでしょう。人口比で言うと「医者で弁護士で博士」の人間よりも希少な人材ではありますが、１本のマンガに10人ぐらい出てきてもアリなんじゃないかと言えるぐらいには希少ではないということです。

そういうわけで、新條まゆ先生の例のアレは間違ってないというのが結論です。

Ⅲ-8

麻酔銃最新事情

以前、『アリエナイ理科ノ教科書ⅢC』にて麻酔銃について書きました。が、あれからいろいろと研究が進んで、いまや「対人用麻酔銃」というものが一般化。暴徒鎮圧用の非殺傷兵器として、多くの国の軍や武装警察が装備するようになっており、当時の内容では実情に合わなくなってきました。そこで今回は、最新の麻酔銃事情をまとめていきます。

麻酔銃先進国・中国

麻酔といえば、マンガなどではクロロホルムを染み込ませたハンカチで鼻と口を押さえて気を失わせる、というシーンが出てきます。ですが、現実ではマンガのようにはいきません。

たしかにクロロホルムは、古い時代には全身麻酔として用いられていました。なので、適正に使用すれば意識を失わせることは可能。ただし、意識がなくなるまで、5～10分ぐらい吸わせ続ける必要があります。つまり、人を拉致るのには向いていないんですね。やはり短時間に意識を失わせるには、麻酔銃が一番です。

麻酔銃の位置づけ

麻酔銃は、厳密には軍用ではなく、法執行機関用（中国の武装警察、ブラジルの国家憲兵隊、中東諸国の湾岸協力会議治安維持部隊）となっている。戦争に用いると、化学兵器禁止条約やハーグ陸戦条約に違反してしまうからだ。

麻酔銃の使用目的は、あくまでも国内の治安維持。敵国の軍人ではなく、自国民の暴徒を撃つためのものなのだ。

麻酔銃が最も盛んな国は中国。麻酔銃が対人で普通に使われており、「青海省化隆県で回族住民1000人が強制立ち退きトラブル、麻酔銃を使用して15人を拘束」というふうに、ニュースの見出しになったりしています※1。

中国では1980年代からいろいろと研究が行われており、実用化されたものとしては、「BMQナイフ型麻酔銃」や「BBQ-901麻酔銃」などがあります。それらが実際に法執行機関（武装警察）などに配備されたのは、1990年ごろだとか。

カタログによると、使用する麻酔は2種類。A型麻酔剤は「弾が目標に命中すると数十秒ですぐに倒れる。ただし、3分以内に救急注射を行う必要があり、手当てしないと死亡する可能性が高い」と書かれています。もうひとつのB型麻酔剤はやや弱めのようで「弾が標的に命中すると2〜3分以内に倒れ、90〜120分後に自然に覚醒する」となっていました。この2種類の麻酔剤の具体的な成分は以下のとおり。

◉A型麻酔剤

塩酸ケタミンと塩酸メデトミジンを0.8mℓの水溶液にしたもの。ケタミンは血圧や呼吸を抑制せず筋肉注射が可能なので、獣医用麻酔として用いられている。メデトミジンは筋弛緩作用のある薬で、全身を脱力させる。

普通ならば、まずメデトミジンを皮下注射して、15〜20分経ってからケタミンを入れる。だが、この場合は同時に注射しているので、副作用として心臓の刺激伝導系を

中国が開発した麻酔銃

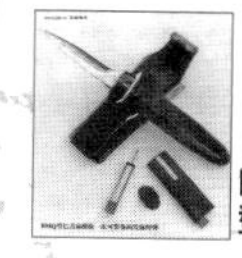

BMQナイフ型麻酔銃

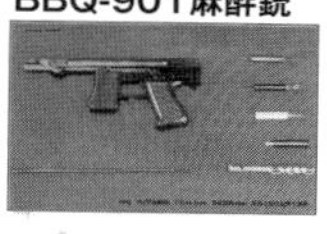

BBQ-901麻酔銃

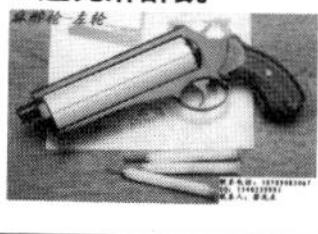

5連発麻酔銃

※1 千人强拆回族村 警以麻醉枪对付回民
http://www.rfa.org/cantonese/news/demolition-06072013094102.html

遮断してしまう。その結果、不整脈などを起こす危険があり、早めに解毒剤を打たないと死亡する可能性が高いのだ。

◉B型麻酔剤

病院で行われる全身麻酔は、「鎮痛剤」「鎮静剤」「筋弛緩剤」の3種類の薬剤をバランスよく投与するというもの。一方、麻酔銃の場合は、ターゲットがおとなしくなればOKで、痛がることは気にしない。そこで鎮痛剤は省略し、鎮静剤にチオペンタールと臭化ナトリウム、筋弛緩剤にキシラジンを使用している。

チオペンタールは意識を失わせる作用があり、全身麻酔の導入に用いられる薬。薬殺刑に使われることでも有名だ。また、キシラジンは全身を脱力させて動けなくする作用がある。

というように、旧式の麻酔銃は「効くのが早いけど危険な薬」と、「効くのが遅いけど安全な薬」の2本立てだったわけです。

最新式麻酔銃の登場

旧式の麻酔銃では、使う麻酔剤の性能が一長一短。それらの欠点を解消したものが必要だ！　ということで2008年ごろから、安全かつ速攻性のある麻酔銃の開発が始まりました。ちょうど『アリエナイ理科ノ教科書ⅢC』で麻酔銃の記事を書いていたころに、中国で人体実験が行われていたようです。

そうして完成したのが最新式麻酔銃「タウルス」。おそらく、2010年ごろには世代交代したと思われます。タウルスの中身は、安全（？）な薬1種類に統合されました。鎮静剤のエトルフィンと臭化カリウム、麻酔前投与薬のアセプロマジンを0.5㎖の水溶液にしたものです。

エトルフィンはゾウ、サイ、ライオンなど大型猛獣用の麻酔。アメリカではスケジュールⅡからⅠに格上げされ、劇薬に指定されており入手は困難だったりします※2。「巨象をも眠らせる麻酔」というのは決して誇張ではありません。それを人間に対して使っているというわけです。

ただ、ネットなどで見かける「エトルフィンを人間に打つと死ぬ」という説は、はっきり言って誤り。これ、獣医師の論文に「体重3tのゾウを眠らせるのに必要なエトルフィンの量は5～15㎎」とあることから、単純に15㎎をゾウの体重3000㎏で割り、1㎏あたりなら5μg……と算出しているようです。

ですが、人間がμg単位のエトルフィンで死ぬことはありません。厳密な計算を行うと、「大半の人間を眠らせる量が1㎎弱」となります。この数値だけ見ると、ケタミンの100倍以上も強力な麻酔ということになりますが、危険性の判定はまた別。薬がどれだけ安全かを示す「治療指数（Therapeutic Index）」※3でみる必要があります。

最新式麻酔銃「タウルス」

5連発ダブルアクションリボルバー
口径：12mm　　有効射程：50m

命中すれば10秒以内に倒れ、2～3時間後に目を覚ます。「アラブの春」では民主化運動を弾圧するために使用され、効果を上げたことから、暴徒鎮圧用として非常に高い評価を受けている。

※2 「スケジュール」はアメリカの規制物質法で定義されており、Ⅰ～Ⅴの5段階がある。Ⅰは危険すぎるため、人間への使用自体が禁止。

厳密な分量は「表面積」で求める

一般的に薬の使用量は「体重1kgあたり何mg」と言われる。しかし、医学的に厳密な分量は、体表面積あたりで算出しなくてはならない。表面積を正確に求めるのは難しいため、簡易的に体重で代用しているだけなのだ。

当然、有効量や致死量も体表面積で変わる。マウスの体重は約20gだから、マウスの致死量の3,000倍がヒトの致死量とイメージしてしまいやすい。だが、実際のところは、表面積で比較して15倍程度と見積もられる。

ここでは、エトルフィンの半数有効量（ED50）について、ゾウと人間それぞれの体表面から算出してみた（エトルフィンの量は体表面積1平方mあたり0.4mg[※4]）。ゾウの正確な表面積を求めるには、シュリクマー関数を使う。2002年に「ゾウの体表面積を求める公式」としてイグノーベル数学賞を受賞したものだ。同じ原理で、人間の体表面積を求めるデュボア式というものもある。

ちなみに、ヒト半数致死量（LD50）の場合は、体表面積換算で求めた数字を、さらに体重あたりに換算しなおして表示しないと、正確な数字とは言えない。それでも幼児や力士など、平均からかけ離れた体格は別に計算しないとダメ。というわけで、マウスへの使用量をそのまま体重倍した数字は、まったくあてにならないのだ。

※4 中国の麻酔実験の論文より。

シュリクマー関数

象の体表面積(㎡) ＝ 8.245 ＋ 6.807×体高(m) ＋ 7.073×前足の太さ(m)

デュポア式

人間の体表面積(㎡) ＝ 体重(kg)の0.425乗×身長(㎝)の0.725乗×0.007184

▶体高3m、前足の太さ0.942mのアフリカゾウの場合

8.245＋6.807×3m＋7.073×0.942m ＝ 35.328㎡
35.328㎡×0.4mg ＝ 14.1312mg
⇒用いるエトルフィンの量は14.1312mg。

▶身長170㎝、体重60kgの人間の場合

$60^{0.425}\times170^{0.725}\times0.007184$ ＝1.695㎡
1.695㎡×0.4mg ＝ 0.678mg
⇒用いるエトルフィンの量は0.678mg。

※同じ身長170㎝の人間ならば、体重60kgの体表面は1.695㎡、体重120kgの体表面は2.275㎡。比べるとたった1.342倍にしかならない。デブだからといって単純に2倍の薬を投与すると死ぬ。

※3　治療指数＝LD50÷ED50で求める。この数値が大きい薬は、打ちすぎても死ぬ危険が小さい。エトルフィンは、マウスで80（LD50）÷0.0081（ED50）＝9877。これは大きい数値と言える。

それによると、エトルフィンはきわめて大きい値を示しており、安全といえるのです。

さて、タウルスが実際に使用されたのは、2011年のバーレーン騒乱でした。中国は、サウジアラビア国家警備隊にタウルスを供給していたのです。このときにタウルスで撃たれた人間は700人以上にもなったそうで、デモ隊は壊滅。絶大な効果を証明しました。

中国でも座り込みをする住民相手に頻繁に使用されており、冒頭に挙げたようなニュースになることがあります。

知っておきたい麻酔深度

とはいえ、麻酔の安全性は、あくまで正しい量を守った場合の話。麻酔薬は、量を打ち過ぎると死にます。病院で管理された麻酔投与ですら、10万回に1回は事故死すると言われているほど危険。それなのに、巨象やシロサイをも眠らせる麻酔を撃たれた人間は、平気でいられるのでしょうか？

それには「麻酔深度」が関係しています。麻酔が効いて眠っている具合を表すもので、医師国家試験にも出る、医者の基本知識です。手術中など、麻酔で意識を失っている状態は「3期」。この状態で安定するように、麻酔科医がこまめに調節しているのです。麻酔の打ち過ぎで死んでしまうのは「4期」に入ってしまったからなんですね。

そして麻酔銃で撃たれた人は、なぜか麻酔深度３期２相で安定するので死にません。どうしてそうなるのか、残念ながら現在のところ理由は不明。なんとなくやってみたら意識を失ったので、統計的に効果が証明できる回数を繰り返し、確率的に効くことが証明された、というだけ。作用機序はいまだに分かっていません。

麻酔を打つと意識がなくなるのは、シナプス伝達が抑制されるから、という説が一般的。ただ、それ以前の問題として、「そもそもなぜ人間に意識があるのか？」ということすら、医学的には解明されていないのです。

いざとなったら解毒剤

「薬の打ち過ぎで死にそう！」「麻酔から目覚めさせたい！」

そんなときには、拮抗薬のナロキソンを鼻の穴から注入します。日本では静脈注射しか認められていませんが、欧米では鼻からの注入用キットが販売されていて、麻薬中毒で倒れた人用に警察や救急隊が装備しているほど、一般的な道具です。

それでも目が覚めない場合は、ヒロポン（メタンフェタミン）の出番。ヒロポンは現在も日本で売られている薬で、メーカーの説明書には効能として「手術後の虚脱状態からの回復促進及び麻酔からの覚醒促進、麻酔剤の急性中毒の改善」と書いてあります。「目を覚まさせる」という、本来の意味での覚醒剤として使うわけですね。これで目を覚まさなければ、死んだらご愛嬌ということで放置しておくしかありません。

麻酔深度	
１期:無痛期	麻酔開始～意識消失
２期:興奮期	呼吸不規則
３期:手術期	呼吸規則的 ２相:瞳孔反射、角膜反射あり ３相:胸式呼吸抑制 ４相:腹式呼吸が主体　※麻酔深度危険域
４期:麻痺期	自発呼吸停止

はい、というわけで、麻酔銃は江田島平八や範馬勇次郎さえも無力化してきました。しかも、薬理作用は銃弾の殺傷作用よりも強い……ということは、麻酔銃こそが最強の武器と言えるんじゃないでしょうか？

ちなみに、日本では平成26年5月30日に「鳥獣の保護及び狩猟の適正化に関する法律」の第38条が変更され、「麻酔銃猟」という区分ができて、正式に麻酔銃で動物を撃つことが認められました。猟銃を使用できなかった市街地などで、害獣駆除のために麻酔銃を使用できるようになったのです。もちろん、日本の場合は動物用で、人間用は許可されていません。

Ⅲ-9 アリエナイ健康法

世の中には、なにかにつけて「放射能コワーイ」などとほざく「放射脳」な連中がいます。しかし、原爆で2回被曝しても80過ぎまで元気に生きられることは実証済み。放射脳はただ逃げているだけの情弱であり、放射能に負けない体を作るという発想が皆無の軟弱者なのです。もっと体を鍛えるべきです。

冗談はともかく、すべての生物は、ある程度の放射線を浴びて傷ついても自己修復する能力を持っています。「怪我したら自然に治る」なんてのは当たり前の話。ただし、自然放射線は微量です。なのに生物は、どうして放射線を浴びても大丈夫な体を獲得できたのでしょうか。

放射線類似作用とは

それは「放射線類似作用」※1に対抗するために獲得した能力なのです。生物が放射線を浴びると、生体内部に強い電離作用をもつラジカル（遊離基）が発生して、DNAを切断したり細胞を破壊したりします。いっぽう、放射線じゃない電磁波（たとえば紫外線など）や、化学反応によってラジカルが発生し、DNAの損傷や細胞破壊が

※1　放射線類似作用……radiomimetic effect。定義としては「生体組織に電離放射線と同様の影響を与える作用」となる。

起きる場合は、放射線類似作用となります。この世界は、放射能と同じ悪さをするもので満ち溢れているのです。

ちなみに、そんな悪さをする化学物質のことを「放射線類似作用化学物質」と呼びます。なんかこのワード、科学を貶めるのに大変に便利だと思うのですが、不思議と放射脳な人たちが興味を持つ様子はありません。

さて、主な放射線類似作用を挙げてみましょう。乾燥、高温、低温、低圧、高圧、紫外線、強アルカリ、強酸、細菌、ウイルスなどなど。自然界の極限環境にはよくあることばかりですね。放射能に強い生物として、クマムシや放射線耐性菌などが知られていますが、彼らは自然界で一番ありふれた放射線類似作用である乾燥から身を守ろうとした結果、放射線にも強くなったというわけ。

ちなみに、一般人が一番身近に接している放射線類似作用化学物質と言えば、タバコなんですけどね。場合によっては、被曝するよりタバコ1本の方がはるかに体に悪いんですよ。

放射能に負けない健康法

では、放射能に負けない体を作るにはどうしたらいいのでしょうか？ 前述のとおり、生物は放射線類似作用と何億年も戦ってきました。そして人体には有害なものを分解して無毒化する能力が備わっています。

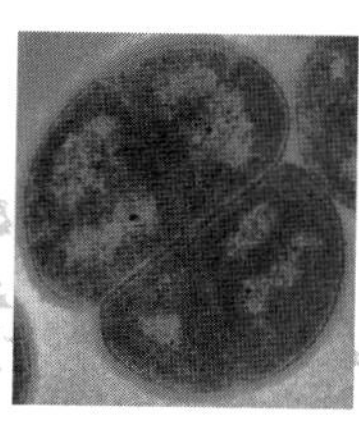

放射線耐性菌デイノコッカス・ラディオデュランスは、5,000グレイ浴びても生存することが可能だ。

つまり、我々はすでにそれを手に入れているのです。簡単に言ってしまえば、「免疫の強い人は放射能にも強い」ということ。ならば、放射能に負けないアリエナイ健康法とは「栄養バランスの良い食事を取って、適度に運動して、ストレスを溜めない規則正しい生活をする」となるのです。

……ちっともアリエナくないだろ！　と怒られそうですが、実はこれを続けることこそが、一番難しいのではないでしょうか。サプリメントも健康グッズも一切必要ありません。老化予防とガン予防も兼ね、感染症にも強くなる二重三重にお得な健康法なので、ぜひ実践してください。

放射線に対抗する薬

そうは言っても、大量に放射線を浴びてしまったら、生き延びることは厳しいのでは？　……などと不安でしょうがない人は、放射線障害を軽減してくれるものを摂取するのがよいでしょう。

まず「放射線防護剤」。これは、強い放射線を浴びたときに起きる急性放射線障害を防いでくれます。即死しないように体を防護するのです。

そして「放射線障害軽減剤」。こちらは、後になってジワジワと効いてくる放射線障害を軽減するもの。病状が悪化しないように、放射線によるダメージを回復させ、発ガンリスクを大幅に下げてくれます。どんな薬があるのか見てみましょう。

◉放射線防護剤

放射線防護研究センターの研究によると、「バナデート」（オルトバナジン酸ナトリウム）には極めて高い放射線防護効果があるそうです。普通の放射線防護剤を摂取しても、吸収線量が８グレイを超えると気休め程度にしかなりません。しかしバナデートならば、12グレイという、皮膚が変色して鼻や尻の穴から血を吹いて死ぬレベルの放射線を浴びても効果があることが確認されています。

しかも、バナデートは天然由来の無機化合物であり、決して〝悪い化学物質〟ではありません。ホタテ・アサリ・ヒジキなどの海産物に多く含まれているので、「子供が鼻血出した、放射能のせいだ」とか騒いでいる放射脳な人には特にお勧めできます。毎日、体重の５倍ぐらいホタテを食べ続ければ、短時間に12グレイを浴びても、生き残れる可能性が半分はあるということです。計算上は。

◉放射線障害軽減剤

放射性ヨウ素や放射性セシウムなどのヤバイものを取り込んでしまった場合は「放射線障害軽減剤」の出番です。

アメリカでは、ブッシュ大統領（息子のほう）が、動物に致死量の放射線を浴びせて実験した統計があれば、放射線障害軽減剤については人体実験なしでも承認して〇

放射線にまつわる単位

放射線の単位として、「グレイ」のほかに「ベクレル」や「シーベルト」も頻出する。ここで、それぞれの違いを解説しておこう。

ベクレル	放射性物質が、１秒間にどれだけの放射線を出しているかの単位。
グレイ	放射線が物質や人体にどれだけ吸収されたかを表す単位。放射線の強さを示す。
シーベルト	放射線による人体への影響の度合いを表す単位。

Kという特例法を作ってくれたので、「CBLB502」や「Ex-Rad」なんていう薬が販売されています。

しかし、残念ながら放射線障害軽減剤はどれも、日本の一般人が気軽に入手することはできません。そもそも、放射線障害軽減剤が必要なレベルの被曝患者なんて、今の日本には居ないのです。福島の事故でも放射線障害軽減剤が必要なほど被曝した人はいません。ちなみに、お値段は原発作業員の日当よりも高価だったりします。

CBLB502はサルモネラ属の菌から抽出した蛋白質で、かなり強力です。しかも、今のところ副作用らしいものは報告されていません。CBLB502が体内に入ると、細胞膜の受容体に結合して、細菌に対する防御機構を活性化させるのですが、これが放射線への予防接種として働きます（もとは、放射線類似作用を持つ細菌に対する防御効果）。

マウスに10グレイの放射線を浴びせる動物実験では、投薬していないものは2週間で全滅。いっぽう、CBLB502を投薬したマウスは2週間後も全員生存していました。17グレイという即死レベルの放射線でも1週間は生き延びたそうです。

しかも、この薬のすごいところは、正常細胞の放射線耐性を高めるのに、ガン細胞の放射線耐性には影響しません。つまり、事前にCBLB502を大量に投与しておいて、致死量の放射線を浴びせてガン細胞だけを殺すという技が使えます。フィクション用のネタとしては、自分だけこっそり投薬しておいて、殺したいやつと一緒に放射線を浴びて社会のガンを殺す……なんてこともできそうですね。

被曝量と体への影響

人間は、放射線を８グレイ浴びると半分は数時間以内に死ぬ。残り半分も、本格的な被曝治療を受けなければ３カ月以内に死亡。12グレイ以上となると数分で尻の穴から鼻や口から血を噴いて死んでしまう。放射線被曝の影響について詳しく知りたい場合は「ICRP Publication 103　国際放射線防護委員会の2007年勧告」（http://www.icrp.org/docs/P103_Japanese.pdf）を参照のこと。

ちなみに、放射線を浴びちゃった後にCBLB502を投薬しても効果がありません。そんなときにはEx-Radがお勧め。成分は4-カルボキシスチリル‐4-クロロベンジルスルホンという化学物質で、簡単に言えば、放射線で破壊されたＤＮＡを修復する生体機能を補助する薬です。一応、アメリカ国防総省公認の薬で、人体実験もやっています。こちらも今のところ、副作用は報告されていないようです。

化学物質過敏症の正体

放射能はこれで完璧に防御できました！　でも、放射脳の人たちは化学物質に対してもブツブツ言ってますよね。というわけで、そちらもフォローしておきましょう！

恐るべき化学物質から身を守るにはどうしたらいいのかというと、ぶっちゃけ一般人は気にしなければＯＫ。そもそも、危険な化学物質は、普通に生活していたら出会うことはありません。日本は特に厳しく規制されているので、隕石に当たって死ぬことを心配するのと同じレベルの話なのです。

ただし、困った事実として、「瓦礫焼却で体調不良になった」などの「化学物質過敏症」の患者が大量に存在します。化学調味料の入っているものを食べると吐き気やしびれなどの自覚的な症状が出たり、タバコ、殺虫剤、芳香剤といった化学物質に反応したりする人もいます。しかし、病院でいくら検査しても異常はなく、それらの化学物質自体にも彼らが言うような毒性はありません。これは一体どういうことなのでしょうか？

そこで『精神障害の診断と統計の手引き（DSM-5-TR）』を紐解くと……なんと、化学物質過敏症は「身体表現性障害」※2の診断基準を見事に満たしています。

そう、化学物質過敏症の正体は精神病なんです。そして、精神病は悪化するといろんな症状を併発していきます。なかでも「反社会性人格障害」を併発するとかなり大変です。「周囲からの自主的な社会的隔離」……簡単に言えば引きこもったり、「破壊的な回避行為」……むやみに引越したり、家財道具や食品などを自然製品へ買い替えたりなど、無駄にコストのかかる行動を取るようになります。さらに、モラルが欠如していき、人に対して不誠実となり、欺瞞に満ちた言動を繰り返すようになるのです。さんざん〝化学物質〟から逃げ回って逃げ切れず、夫に手伝わせて自殺した女性もいます（夫は自殺幇助で逮捕）。どこかで断ち切らないと、周りも当人も破滅してしまうのです。

しかし、彼らに対してどんなに正しいことを言っても、まったく通用しません。医学的な意味での「妄想」に取り付かれた人には、正論は通じないのです。精神科医が妄想の患者を治療する場合、妄想を抱いている話題には触れずに「話を逸らす」ことが重要になってきます。身体表現性障害への対応指針を参考に、放射脳や化学物質過敏症患者の治療法をまとめると、次のようになります。

※2　身体表現性障害……somatoform disorder。「なんか悪いものがある」という思い込みだけで症状が出る精神病。

化学物質や放射性物質の排除など、患者の欲求に部分的に応じながら信頼関係を結び、本人の身体に起きている症状には、精神科的な理由があることを気づかせる。理論や証拠を提示して身の回りの放射能や化学物質が無害であることを説明しても有害無益なので、行ってはならない。

結局のところ、放射脳や化学物質過敏症は、放射能や化学物質に対して過剰な関心をもっていることが根本的な原因ですから、「それらへの興味をなくす」ことが最大の治療となります。というわけで、結論は「気にしたら負け」。ストレスを溜めない健全な生活こそが究極の健康法なのです。

どうしても気になってしょうがない人は、外科手術で脳の一部を切り取るのがいいでしょう。完璧に治って、2度と発症しませんよ。

Ⅲ-10

〝きれいな水爆〟にまつわる謎の物質

筆者はかつて、『アリエナイ理科ノ教科書ⅢC』にて原爆の作り方を紹介しました。しかしながら、原爆はキロトン級の威力が限界。『北斗の拳』のように世界を核の炎でつつんで文明を滅亡させ、モヒカン頭でヒャッハーするためには、メガトン級が必要になってきます。そこで登場するのが、理論上はどこまでも威力を高めることが可能な「熱核兵器」こと水爆（水素爆弾）です。

東西冷戦のさなか、アメリカとソビエトによって開発競争が繰り広げられた水爆ですが、そのなかでまるで喜劇のような事態も起こっていたのをご存じでしょうか？今回は、水爆の歴史とともに、その興味深いエピソードもご紹介しましょう。

汚い水爆ときれいな水爆

水爆の基本的な構造は左ページ下の図のとおり。密閉容器に重水素と原爆を入れて、原爆を起爆。核爆発の力で重水素も核爆発させ、威力が倍増する……という代物です。しかし、放射線が出まくる放射性物質を撒き散らしてしまうので（〝汚い水爆〟と言います）、後始末が大変になってしまいます。そこで、米ソ両国が開発しようとした

原爆と水爆の違い

原爆
プルトニウムなどの核物質を使うので威力に限界があり、放射能汚染を撒き散らす。

水爆
重水素を使うのでいくらでも威力が出る。導火線のかわりに原爆を使う。

のが、汚物の出ない〝きれいな水爆〟こと「純粋水爆」です。

前述の基本構造から原爆を取り除いて、きれいなナニカで重水素を核爆発させればＯＫ！

……と、言うだけなら簡単ですが、導火線のないダイナマイトのようなもので、そんなもの爆発するわけがありません。しかし、「東西冷戦なんだからなんとかしろ」と政府から命令され、科学者たちは無理難題に挑むことになります。

東西水爆開発競争

世界最初の水爆は、アメリカが完成させました。当然、これは原爆で起動するタイプです。65ｔもあって、持ち運びは不可能。重水素を冷やして液化していたので、冷却装置が非常に大型でかさばったためです。１９５２年11月に行われた実験で、この水爆は見事にメガトン級の威力を発揮。実験場の島は消えてなくなり、アメリカの威信は大いに盛り上がりました。

しかし、翌１９５３年、ソビエトが爆撃機で運べる水爆RDS-6で核実験を行うと、アメリカの威信は不安に変わります。「ソビエトは早くも純粋水爆を完成させたのか？」と。

水爆の基本的な構造

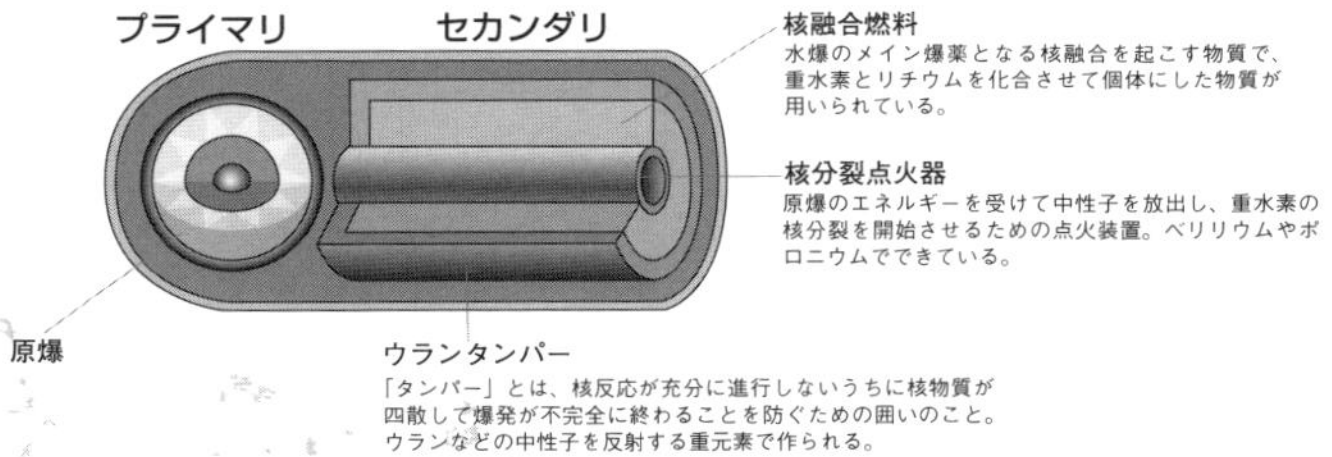

プライマリ
セカンダリ

核融合燃料
水爆のメイン爆薬となる核融合を起こす物質で、重水素とリチウムを化合させて個体にした物質が用いられている。

核分裂点火器
原爆のエネルギーを受けて中性子を放出し、重水素の核分裂を開始させるための点火装置。ベリリウムやポロニウムでできている。

原爆

ウランタンパー
「タンパー」とは、核反応が充分に進行しないうちに核物質が四散して爆発が不完全に終わることを防ぐための囲いのこと。ウランなどの中性子を反射する重元素で作られる。

実は、ソビエトが作ったのも〝汚い水爆〟でした。ただ、リチウムと化合させた常温で固体の重水素を使っていたので、アメリカのように冷凍装置が必要なく、非常にコンパクトだったのです。しかも、本当は400キロトンの威力しかなかったのに、ソビエトの誇大広告を信じたアメリカはメガトン級水爆だと勝手に思い込んでいました（実際には、ソビエトがメガトン級水爆を実現したのは1955年のRDS-37だったのです）。さらにソビエトは、1961年に人類史上最大最強の50メガトン水爆RDS-220「ツァーリ・ボンバ」を作るなどして、アメリカを焦らせます。

ちなみに、アメリカもすぐにリチウム化することに気がついて、1956年のレッドウィング作戦で爆撃機に搭載できる水爆を完成させるなど、全力で追いつこうとしました。ですが、ソビエトの優位はそれだけではありません。水爆は本来、重水素がメインの爆弾なので、導火線の役目をする原爆は最小限のサイズであることが理想。そして、ソビエトの水爆は原爆がすでに最小化されていたのです。

しかしアメリカでは、核兵器の権威であるサミュエル・T・コーエン博士が「ソビエトはなにか強力な爆発力の塊のような化学

サミュエル・T・コーエン博士（Samuel T.Cohen）

中性子爆弾を開発したイギリス系ユダヤ人の科学者。マンハッタン計画のメンバーに選ばれ、後に核兵器開発の権威となる。ベトナム戦争で、自分の開発した中性子爆弾を使えと大統領に直訴したため解雇された。

妄想癖か虚言癖があったようで、1979年に教皇ヨハネ・パウロ２世から平和に貢献した功績で勲章を授与されたと主張しているが、バチカンが公表している受賞歴には載っていない。また、湾岸戦争が勃発したころに、ロシアのエリツィン大統領がレッドマーキュリーを密かに国際闇市場での販売を許可したと主張。イラクのフセインが水爆の材料を持っているというデマが流れ、CIAが必死になってあるはずのない隠し場所を突き止め、空爆を繰り返すことに。コーエン博士は2010年11月28日に死ぬまで、レッドマーキュリーの実在を信じて疑わなかったようだ。

物質を使用している」と発言。コーエン博士は、最小化されたサイズの原爆では起爆しないと思い込んでいたようです。後に、アメリカの水爆も最小化された原爆で起爆するようになるのですが、コーエン博士は最後まで謎の化学物質の実在を疑いませんでした。

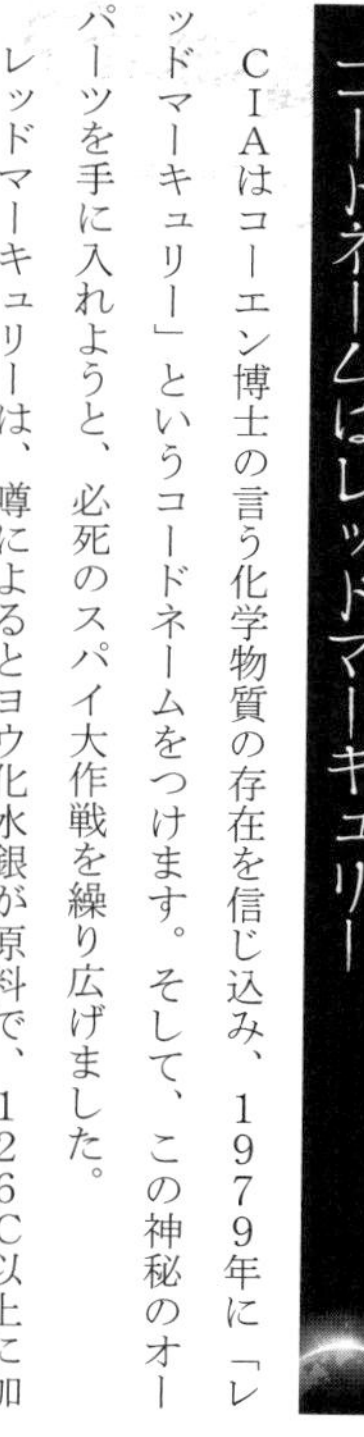

コードネームはレッドマーキュリー

ＣＩＡはコーエン博士の言う化学物質の存在を信じ込み、１９７９年に「レッドマーキュリー」というコードネームをつけます。そして、この神秘のオーパーツを手に入れようと、必死のスパイ大作戦を繰り広げました。

レッドマーキュリーは、噂によるとヨウ化水銀が原料で、１２６℃以上に加熱すると結晶構造が変化して黄色になり、有毒、無臭、無味、水不溶性、緋色赤色粉末であるとのこと。……というかこれって、いったいどこから仕入れた情報だったのでしょうか？　ＣＩＡって、冷戦時代から妄想癖がかなり酷かったんじゃないかという気がしてなりません。

１９９０年代には、レッドマーキュリーの名は一般社会にも知れ渡ります。そしてＣＩＡがレッドマーキュリーを１kgあたり１８０万ドルで買うという情報を裏社会に流したからさあ大変。これさえあれば誰でも水爆が作れる〝賢者の石〟となったレッドマーキュリーを巡って、水爆を作りたい国とＣＩＡの間

消耗品だらけの水爆

水爆は経年劣化する素材の塊だ。まず、一番肝心な重水素だが、その半減期は12.32年。つまり、12年経つと水爆の威力が半分になってしまう。兵器として使うからには、威力の減衰は許容できないので、４年経った段階で全部入れ替えなくてはならない。

それ以外にも、重水素を押さえるタンパーなども経年劣化するため、４年ごとの分解整備が必須となるのだ。アメリカの場合、数千発の水爆を保有していることから、毎年、毎月、毎週のように分解整備が行われている。いっぽうで交換不可能な部品もあって、古くなって使えなくなる水爆が出てくるため、常に補充が必要だったりする。

核兵器は、予算が付かない年が20年も続けば自然消滅するナマモノなのだ。

で奪い合いになっただけでなく、裏社会でも凄惨な争奪戦が繰り広げられたそうです。

で、結局のところ、レッドマーキュリーなんてものは最初から存在しませんでした。RDS-6は原爆を使った普通の水爆。それを過大評価したＣＩＡが妄想で生み出した架空の物質にすぎなかったのです。

アメリカは１９５２年から１９９２年まで純粋水爆の研究を行っていましたが、ついにギブアップして研究データを公開。「純粋水爆なんてどうやっても無理だ」と、全部ぶっちゃけたのです。

レッドマーキュリーのその後

というわけで、闇の商人たちが暗躍し、世界中の諜報機関が本気で奪い合った架空の物質は、公式に否定されました。ですが、これでレッドマーキュリー騒動が収まったかと言えば、さにあらず。いつの世も、政府の公式発表は信じてもらえないものなのです。

２００４年9月、イギリスにて、レッドマーキュリーを30万ポンド（約５０００万円）で購入しようとした３人の男が逮捕されました。すぐに売人も逮捕。そして、警察に押収されたサンプルを調べるため、国際原子力機関は科学者を派遣しました。

しかし調査の結果、売人が持っていたレッドマーキュリーは朱肉だと判明します。たしかに、古い朱肉ならば赤い（＝レッド）水銀（＝マーキュリー）が使われていますが……。売人はただの詐欺師だったのです。3人組はテロ目的で水爆を製造するためにレッドマーキュリーを手に入れようとしたのですが、2006年7月、裁判で不能犯として無罪に。つまり、何もできない間抜けだからということで無罪放免になったようです。

さらに、2009年4月にはサウジアラビアで、シンガー社（アメリカのミシンメーカー）の古いミシンにレッドマーキュリーが使用されているとのデマが広まりました。しかも、ミシンにレッドマーキュリーが入っているかどうかを、携帯電話を使って識別する方法もまことしやかに拡散。その結果、おんぼろのミシンに最高で20万リヤル（約500万円）の値が付いたり、貧困層でミシン強盗が起きたりするなどの大騒動となりました。

このように、レッドマーキュリーは都市伝説として、今もしぶとく生き残っているのです。

ちなみに、一部の科学者たちは、核物質を使わない純粋水爆の研究をあきらめてはいません。サミュエル・T・コーエン博士が予言した“Ballotechnics”な物質（下のコラム参照）さえあれば、水爆はだれでも簡単に作れるようになるのですから（とはいえ、材料を用意する必要はありますが）。

たとえば最近出てきたのが、粒子加速器で少量の反物質を作り、重水素を対消滅反

“Ballotechnics”な物質とは？

適当な訳語が思いつかないのでそのまま英語で書いたが、サミュエル・T・コーエン博士が作った造語だと思われる。「爆薬の爆発よりも短時間に強力な化学反応を起こす物質」とでも訳せばよいだろうか（この難解な専門用語に「レッドマーキュリー」という通称をつけた奴はアホ）。博士が予想した当時は完全な空想上の産物だったが、21世紀になって、反物質や電子励起爆薬という形で現実になるかもしれない。

応させて起爆する「反物質水爆」。メガトン級の反物質を製造するのは無理でも、水爆を起爆させる程度の反物質なら、今ある粒子加速器でも作れるんじゃないか？　と期待されています。

ですが、まぁ、ＣＥＲＮのＬＨＣ実験は他の重要な研究でスケジュールが埋まっているので、そんなことのために時間割り当てを譲ってくれることはなさそうですけどね。

世界を騒がせた架空兵器

レッドマーキュリーだけじゃない！　東西冷戦下において、その実在をまことしやかにささやかれた「超兵器」の数々を紹介しよう。

窒素爆弾

「原爆を上回る威力を持つ新型爆弾」とされる。日本でも国会で取り上げられたほど真剣なソビエトの脅威だったが、実際には計画すら存在しなかった。

コバルト爆弾

強力な放射能を持ったコバルトをばらまく兵器。汚染が強すぎて敵も味方も立ち入り禁止になるため、ペーパープランに終わる。

サイコトロニクス

いわゆる洗脳電波。主に精神病患者の病状を悪化させる原因になった（「電波で命令されている！」と主張するあれ）。いまだに信じている人は多く、アメリカでは国会議員が規制法案を本気で出すほど。

1970年の映画『続・猿の惑星』では、コバルト爆弾を崇める地底人が登場する。

［おわりに］
アルマジロの半生

最後にどうでもいい自己紹介でもしておきます。

アルマジロは南半球の三大珍味として知られており、アルマジロの尻尾のココナッミルク煮込みは南半球の世界では有名です。ちなみに残りの二大珍味はコアラの鼻、カモノハシのくちばしです。どんな味がするのでしょうか。

亜留間家の祖先は、戦国時代に南蛮人が大名に献上したアルマジロだと言われています。外来種ながら日本に定着して５００年以上。なんだかんだで盛運に恵まれて、立派なアルマジロ小屋ができました。私はその御曹司として生まれました……って、ラノベでありがちな設定ですね。

無駄に広いアルマジロ小屋には亜留間家５００年分の蔵書やコレクションがあり、定期刊行物も無駄に保存されており、たとえば『ＢＭＪ』や『ジェーン海軍年鑑』が１００年分そろっています。この本で参照した参考文献にやたら古い本があるのはそのためです。

子供の頃は、親がかまってくれなかったりコミュ障で人間の友達が居なかったため、父が趣味で蒐集した本を読み漁ったり、謎の機械をいじり回したりして遊んでいました。最近はネットで何でも情報が手に入ると思われていますが、ネットの情報は本やニュースの転記でしかなく、一部だけを抽出したつまみ食い情報にすぎません。ネットならではの集合知も素晴らしいですが、先人の書きためた膨大な知識にはまだまだ及ばないので、蔵書は大切です。

また、祖父が新しい物好きで、私が子供の頃はＰＣ－８８０１やＭＳＸなどのパソコンを全機種買い集めていたほど。携帯電話が発売されると真っ先に購入し、自分の家が通話エリアに入っていないことに怒って基地局を作らせるなど、権力者っぷりを発揮していました。当時の高校生で携帯電話を持っていたのは私ぐらいしかいなかったんじゃないかと思います。

ただ、祖父は古いものを捨てないので、そういったガジェットが山のように積みあがっていました。今の時代に祖父が生きていたら、恐ろしいことになっていた予感しかありません。

そんな雑学の殿堂のような家で育ち、金に不自由しなかったことから、無節操にいろいろなものに手を出してきました。私は勉強だけは得意で、実務経験を問わない一発勝負物の試験をいろいろ受けたので、無駄に資格を持っています。

医学部に入ったのは、親が病院を経営していて、自分が長男で親が行けと言ったからというだけの理由です。大学卒業後は、就職しても長続きせず職業を転々としてきました。

転々としたすえに、とある原理主義宗教とも接点を持ちました。そこにいたのはニュースなどで紹介される恐ろしい原理主義者ではなく、意外とゆるくヌルい生活をしているただの人間です。その後、血縁に呼ばれて、選挙も民主主義もない国家で独裁者の手先になりました。

独裁者といってもそれほど万能ではなく思い通りに行かないことだらけですし、反対したら抹殺されるほど話が通じない人でもありません。また、独裁者だからといって世界征服を目指しているわけではなく、自分の世界を守るのに必死な人にすぎませんでした。

世界を思いのままに動かせる黒幕など実在しないし、今後も登場することはないでしょう。皇族だろうと王様だろうと、世界一の金持ちだろうと宗教指導者だろうとただの人間であり、たまたまその立場にいてその仕事をした結果が現在の世界の姿なのです。

この本を読んだことで「社会」や「権力者」というものの見え方が変わったなら幸いです。読者の誰かが世界征服に成功したら本書は歴史に残る名著になるので、ぜひ挑戦してみてください（笑）。

亜留間次郎

亜留間次郎：著

薬理凶室：監修

2017年8月1日 初版発行
2024年7月1日 改訂版発行

発行人 塩見正孝
編集人 斎藤俊

表紙＆扉イラスト 夢路キリコ
本文イラスト そうの

デザイン ヤマザキミヨコ（ソルト）
DTP 伊草亜紀子（ソルト）

発行所 株式会社三才ブックス
〒101-0041
東京都千代田区神田須田町2-6-5 OS'85ビル
TEL：03-3255-7995
FAX：03-5298-3520

印刷・製本 TOPPANクロレ株式会社

※本書は月刊『ゲームラボ』の連載「キョけん」（2013年５月号、2014年５～６月号）、「NEWア理科＋」（2015年６月号～2017年５月号）、月刊『ラジオライフ』の「新課程ア理科特別編」（2020年４月号）、「【ブロマガ】科学はすべてを解決する!! ニコニコ秘密基地」（2023-07-06）をもとに加筆修正しました。